赛艇竞技运动的
生理生化监控与分析

黄 森 著

湘潭大学出版社

图书在版编目（CIP）数据

赛艇竞技运动的生理生化监控与分析 / 黄森著. --
湘潭 : 湘潭大学出版社, 2022.9
ISBN 978-7-5687-0872-2

Ⅰ. ①赛… Ⅱ. ①黄… Ⅲ. ①赛艇运动—运动训练—
生理生化特性—研究 Ⅳ. ①G861.4

中国版本图书馆 CIP 数据核字（2022）第 167813 号

赛艇竞技运动的生理生化监控与分析

SAITING JINGJI YUNDONG DE SHENGLI SHENGHUA JIANKONG YU FENXI

黄森 著

责任编辑：王利剑 丁立松
封面设计：张丽莉
出版发行：湘潭大学出版社
社　　址：湖南省湘潭大学工程训练大楼
电　　话：0731-58298960 0731-58298966（传真）
邮　　编：411105
网　　址：http://press.xtu.edu.cn/
印　　刷：长沙创峰印务有限公司
经　　销：湖南省新华书店
开　　本：787 mm×1092 mm 1/16
印　　张：8.5
字　　数：219 千字
版　　次：2022 年 9 月第 1 版
印　　次：2022 年 9 月第 1 次印刷
书　　号：ISBN 978-7-5687-0872-2
定　　价：48.80 元

前言

科技助力是竞技体育运动不断发展的强大动力，运动训练的生理生化监控是科学训练的重要组成部分，它通过利用生理生化的测试技术和方法，测定运动训练过程中运动员体内的一些生理生化指标，以评价运动员训练时的负荷强度和负荷量、训练方法和训练手段的效果、合理性，以及机体对运动训练产生的适应信息、恢复效果等，从而帮助教练员了解训练效果、正确评价训练方法，并进而调整训练方案，最大限度地提高训练效果和运动能力。

本书主要是作者根据十多年来，在赛艇科研、教练岗位一线长期跟随运动队开展运动训练生理生化监控科研工作理论和实践总结而成，包括作者主持完成的国家科技支撑计划重点项目“潜优势项目专项训练监控系统的研究”子课题“湖南赛艇运动员专项训练监控系统的研究”和国家体育总局科研项目“影响赛艇比赛后半程能力关键因素的研究”，以及主要负责完成的国家体育总局科研项目“赛艇两极化训练模式的设计和控制”的主要内容，同时参考了有关专家学者的科研成果和文献。本书主要从运动生理学和运动生物化学的角度探讨了赛艇竞技运动“是什么”“为什么”“怎么办”的体系问题。“是什么”即赛艇运动从生理生化角度考虑其本质是什么，通过赛艇专项训练生理生化监控系统的构建，从赛艇运动员专项训练负荷、专项训练方法和专项运动能力解释赛艇竞技运动的生理生化本质。“为什么”即赛艇冠军为什么能获胜，通过赛艇冠军比赛竞速结构从比赛节奏的控制、耐力和耐酸能力、全程高速的前进、心技体能的稳定、奋勇拼搏的精神等方面分析赛艇比赛制胜的关键因素。“怎么办”即怎么训练的问题，通过赛艇训练不同模式的分析，打造高水平赛艇“两极化”训练模式，为运动队夺取优异成绩提供科技助力。

本书从运动生理生化角度对赛艇竞技运动制胜规律进行了系统研究，包括赛艇竞技运动与运动训练生理生化监控概述、赛艇专项训练生理生化监控、赛艇比赛竞速结构与分析、赛艇训练模式的生理生化分析等内容。本书来源于实践、应用于实践，是在摸索中的前进，在理论知识和具体方法上难免存在争议和不足，敬请同仁不吝赐教。同时本书在撰写过程中得到有关单位、领导、专家、教练、同事及有关人员的大力支持和帮助，文中引用的相关文献作者也为本书的成文提供了宝贵的资料，在此一并表示诚挚的谢意。

黄　森

2022 年 1 月

目　录

第一章　赛艇竞技运动与运动训练生理生化监控概述

第一节　赛艇竞技运动

赛艇是由一名或多名桨手坐在艇上，背向艇前进的方向，协调运用全身肌肉力量，通过桨和桨架简单杠杆作用进行周期性拉桨和回桨划水，使艇前进的一项水上运动。赛艇运动起源于水上运输和战争行为，后来逐渐演变为世界广泛开展的健身运动和竞技运动。

现代赛艇竞技运动源于17世纪的英国。国际赛艇联合会成立于1892年，目前在全球拥有156个成员，国际赛艇比赛一直在国际赛艇联合会的领导下组织进行。1896年，第1届奥运会已将赛艇列为正式比赛项目，但由于天气恶劣临时取消。1900年，第2届奥运会上举行了赛艇比赛。

国际赛艇联合会设立的世界赛艇锦标赛分4个级别：男子公开级、轻量级；女子公开级、轻量级。每一个级别又按运动形式分单桨和双桨；按参加人数，双桨分单人、双人、四人赛艇，单桨分双人、四人、八人赛艇；有些项目还分有舵手、无舵手。

赛艇各项目名称用字母、数字和符号的组合来表示简称："M"为男子，"W"为女子，"L"为轻量级，数字为桨手人数，"X"为双桨，"—"为单桨，"＋"为单桨有舵手，

奥运会赛艇比赛根据性别、人数、桨数、体重级别、有无舵手等分类设置，历史上项目设置有所变化。2020年奥运会赛艇比赛设置了14个小项，具体项目如表1-1所示。

表 1-1　2020 年奥运会赛艇项目设置

性别	公开级（12）	轻量级（2）
男（7）	单人双桨（M1X）、双人单桨（M2－）、双人双桨（M2X）、四人单桨（M4－）、四人双桨（M4X）、八人单桨有舵手（M8＋）	双人双桨（LM2X）
女（7）	单人双桨（W1X）、双人单桨（W2－）、双人双桨（W2X）、四人单桨（W4－）、四人双桨（W4X）、八人单桨有舵手（W8＋）	双人双桨（LW2X）

赛艇比赛必须在自然水域静水水面上的直航道进行，航道长 2 000 m，宽度为 13.5 m。比赛的航道除有 2 000 m 的比赛距离外，还有适当的准备活动水域。终点线外至少留有 100 m 的自由水域。国际性赛艇比赛通常有 6 条以上航道。比赛中，运动员需要用最短的时间完成 2 000 m 距离的划行，完成时间约为 5 min 30 s 至 8 min 左右，动作重复次数约为 200～240 次。公开级运动员没有体重限制；男子轻量级单人双桨运动员的体重不得超过 72.5 kg，单人以上项目一条艇桨手的平均体重不得超过 70 kg，每个桨手体重最多不得超过 72.5 kg；女子轻量级单人双桨运动员体重不得超过 59 kg，单人以上项目一条艇桨手的平均体重不得超过 57 kg，单个桨手体重最多不得超过 59 kg；舵手最轻重量为男子 55 kg，女子 50 kg，当体重不足应增加相应的加重物，加重物不得超过 10 kg。

赛艇比赛、训练的专业用艇，两头尖瘦、艇身狭长，艇身主要由玻璃钢、碳纤维等轻质材料制成。最小的单人艇长 8 m，最宽处仅 29 cm；最长的八人艇全长 17～18 m，最宽处为 57 cm。桨是赛艇的重要配套器材，是供运动员划动赛艇前进的主要工具，一般用优质木材、碳纤维或两种材料相结合制成。桨的一端为圆杆，称为桨柄，划桨时运动员握住这一部分后拉和推桨；另一端为桨叶，呈斧形或柳叶形，其作用为抓住水中支点，利用杠杆原理，支撑船艇前进。双桨艇的两侧对称均装有桨，划行时，运动员背对艇首，坐于前后滑动的坐板上，腿蹬臂拉，运动员左右单手各握一桨，用左、右桨的划水力量控制航向。单桨艇由偶数运动员划艇，艇身舷外左右各前后交错装置桨架，运动员两手握一支桨，运动员人数左右匹配，要求动作整齐、用力一致。

赛艇在天然水域比赛，天气情况对比赛成绩会产生影响，甚至前后两组比赛时的天气也会发生变化，因此，比赛成绩不具有绝对的可比性。所以，赛艇不设国家和世界纪录，采用取名次的竞赛方法。

第二节　运动训练生理生化监控原理

一、运动训练生理生化监控概念

训练监控是将运动医学、运动生物力学、心理学、生理学、生物化学等学科的理论和方法应用于训练过程中，综合研究训练过程与训练效果，其目的是帮助教练员不断调整训练计划，使运动员体能、心理和技术等达到最佳状态，从而最大限度地提高训练效果和运动能力。

能量的产生和动员达到最佳状态是展现运动能力的关键。一般认为，限制最佳运动能力的障碍有 3 种基本类型，即生理学、心理学和生物力学障碍。生理学障碍限制了能量的产生，心理学障碍限制了对能量的控制，而生物力学障碍则限制了最有效地使用能量。这 3 个障碍相互关联。例如，心理学障碍可通过生理学过程干扰最佳能量的产生，也可以破坏最佳生物力学的能量利用。因此，在运动训练中，围绕限制运动能力 3 大障碍所开展的医务监督、生理生化检测与评定、心理测试与评定、生物力学技术分析与诊断等，构成了训练监控的主要组成部分（图 1-1）。

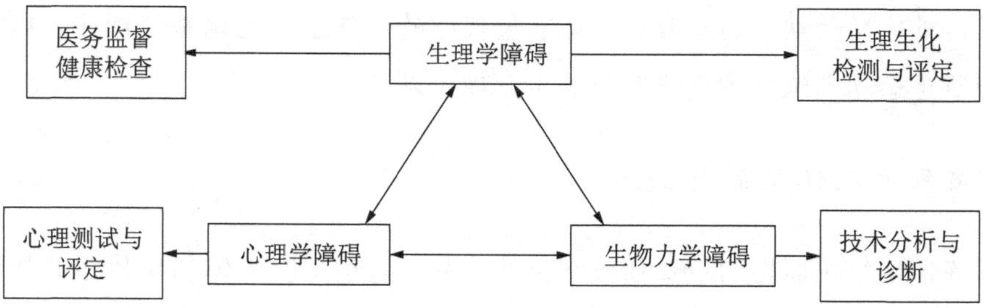

图 1-1　运动能力的主要限制因素及训练监控的主要组成部分（冯连世，2006）

运动训练生理生化监控是训练监控的重要组成部分，它利用生理生化的测试技术和方法，测定运动训练过程中运动员体内的一些生理生化指标，以评价运动员训练时的负荷强度和负荷量、训练方法和训练手段的效果、合理性以及机体对运动训练产生的适应信息、恢复效果等，从而帮助教练员了解训练效果、正确评价训练方法，并进而调整训练方案。运动训练生理生化监控涵盖了运动训练过程前、中、后以及动、静态的全方位监控，包含内容如图 1-2 所示。

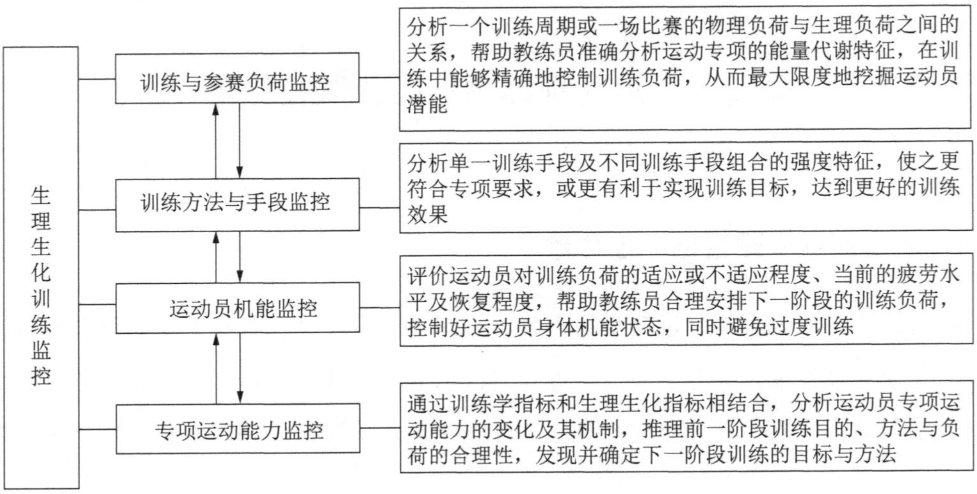

图 1-2　运动训练生理生化监控主要内容（冯连世，2006）

二、运动训练生理生化监控的主要理论基础

人体在开始进行运动后会发生一系列的生理生化变化，尽管个体差异很大，但人体的这些生理生化变化遵循着一些共同规律，这些共同规律就是实施训练监控工作所依据的基本原理和理论。

运动对于人体来说是一种应激活动，人体需要调动神经、内分泌、循环等系统和运动器官来完成这种应激活动。运动时，人体能量代谢的生理生化变化基本规律，以及能量代谢过程的调节是运动训练生理生化监控的主要理论基础。

（一）运动时人体的能量供应

运动训练生理生化监控的主要任务和目的，在于以运动时人体物质代谢和能量代谢的规律为理论基础，来分析项目特点与专项体能要求，并通过对训练过程及运动员身体机能的监控，帮助教练员合理选择训练手段，合理安排运动负荷，使训练能够达到专项要求，同时符合运动员身体机能特点，最终真正实现科学化训练。

运动中，人体能量产生的过程包括无氧代谢（磷酸原系统、糖酵解系统）与有氧代谢（有氧氧化系统）2 种。实际上，在任何运动中这 2 种供能方式均同时发生，只不过依据运动强度和运动持续时间的不同，两种供能方式占的比重有所不同，只有主次之分而无绝对界限。无氧代谢供能的特点是功率输出较高，但供能时间很短；有氧代谢供能的特点是功率输出较低，但供能时间很长。因此，在需要大功率能量输出的快速运动和力量运动中，无氧代谢是主要的供能系统；而在输出功率不大但持续时间很长的耐力运动中，有氧代谢则是主要的供能系统。

（二）三大供能系统的构成

物质代谢和能量代谢是人体生命活动的基本过程，运动是人体生命活动过程中的一种形式。运动时，由于肌肉收缩做功，能量需求急剧增加。肌肉收缩时的唯一直接能源物质是三磷酸腺苷（adenosine triphosphate，ATP），肌肉中 ATP 的贮量非常少，在 ATP 被消耗的同时，随即有新的 ATP 合成，并分解供能，以供肌肉收缩做功。所以，运动时，机体 ATP 再合成能力将直接影响肌肉工作能力，影响运动表现。人体内 ATP 再合成的速率和途径有多种，不需要氧气参与分解合成 ATP 的称为无氧代谢供能，需要氧气参与合成 ATP 的称为有氧代谢供能。在无氧代谢供能中，根据供能底物的不同，可分为磷酸原系统、糖酵解系统两大供能系统。在有氧代谢供能中，供能底物是七大营养素中的碳水化合物（糖）、脂类（脂肪）和蛋白质，运动训练中高效率的有氧供能主要依靠糖的有氧氧化。因此，运动时肌肉的能量供应主要涉及磷酸原系统、糖酵解系统和有氧氧化系统三大供能系统。

人体无论是处于安静状态还是运动状态，能量供给都是维持和保障人体生命活动的基础。不同类型的运动项目的能量供应途径之间，以及各供能系统之间，相互联系，形成一个能量连续释放的统一过程。不同供能系统的参与程度，主要取决于运动强度。如安静和低强度运动时，主要是以有氧代谢供能为主；随着运动强度的增强，机体动用无氧代谢供能的比例增加，并逐渐转入以无氧代谢供能为主，运动强度越大，机体动用无氧代谢供能的比例就越大。不同性质运动时，机体提供能量的供能系统主次有别，但没有绝对的界限。

（三）磷酸原系统

1. 磷酸原系统的物质基础

参与磷酸原系统供能的物质主要包括三磷酸腺苷（ATP）和磷酸肌酸（creatine phosphate，CP），由于它们分子中均含有高能磷酸基团，在供能代谢中通过转移磷酸基团的过程释放能量，所以它们称为磷酸原，它们构成的供能系统则称为磷酸原系统，又称 ATP-CP 系统。参与能量释放反应的酶主要包括 ATP 酶、肌酸激酶（creatine kinase，CK）等，其中肌酸激酶活性与 CP 储备量是影响磷酸原系统供能能力的关键因素。

2. 磷酸原系统的供能及恢复时间

ATP在骨骼肌中贮量少，在以最大强度运动时，不足维持肌肉做功1 s。在ATP消耗的同时，CP迅速分解，把高能磷酸基团转给ADP，使ADP磷酸化合成ATP，以维持ATP浓度的相对稳定。由于ATP、CP的储备有限，如果运动中单独依靠磷酸原系统做功，一个70 kg体重的成人可维持运动的时间为6～8 s（不超过10 s），可维持最大静力性肌肉收缩20 s。ATP、CP分解供能的速度极快，所构成的供能系统的输出功率在三大代谢系统中最大，约为50 W/kg·BW，是速度、力量项目运动时的主要供能系统。

在运动时，ATP、CP的分解供能速率最快，运动后的恢复速率也最快。据Harris等研究：4名男性成人在功率自行车上进行大强度运动后［平均（301±23）W］，股四头肌中CP的快速恢复阶段的半时反应是21 s，慢速恢复阶段的半时反应是173 s。其他有关CP恢复的研究结果也较为一致，在运动后的2～3 min基本恢复，3～4 min达到超量恢复，半时反应在20～30 s之间。整体而言，磷酸原系统的半时反应在20～30 s之间，基本恢复需要2～5 min（表1-2）。

表1-2　10 s全力运动后骨骼肌磷酸原含量

时间	10 s以内	20～30 s	30 s后	2～5 min
程度	少量恢复	恢复一半	70%	基本恢复

3. 发展磷酸原系统供能能力的训练特点

过去认为，以发展磷酸原系统供能能力为主的训练应该多采用10 s以内的最大强度训练，该训练没有糖代谢供能参与，基本不产生乳酸，但现在的研究认为不一定如此。比如100 m跑，它是典型的10 s左右的最大强度运动，在最初的2～3 s内，CP是ATP再合成的最主要能量来源，但糖酵解从起跑时就被激活了，到5 s后几乎提供了使ATP再合成的绝大部分能量，表现为不同训练水平的运动员大都在起跑后5～6 s达到最大速度，且仅把这一最高跑速保持在20 m左右的距离，随后则不可避免地明显减速。究其原因，主要是运动3～5 s肌乳酸迅速堆积，ATP再合成速率不能恢复到最高水平，致使肌肉活动能力下降。所以，为了发展ATP快速分解和CP无氧再合成的能力，应强调对肌肉进行最高强度工作的训练，即每次持续运动时间不超过6～8 s，间歇30～40 s，根据运动员的训练水平间歇也可在60～90 s，组间间歇不短于3～4 min。例如，短跑适宜距离为30～60 m，最长不超过80 m，训练效果比较好。

通过有系统的力量或速度训练，运动员的ATP、CP储备提高不大，但神经-肌肉系统的募集能力提高了。另外，ATP 酶、肌酸激酶的活性明显升高，尤其是肌酸激酶活性升高，使 CP 转化为 ATP 的速度提高了。因此，运动员的无氧功率，即单位时间内磷酸原系统做功的能力随之提高，最大爆发力和最大速度也随之提高。

（四）糖酵解系统

1. 糖酵解系统的物质基础

参与糖酵解系统供能的物质主要包括糖原和葡萄糖，它们经过无氧酵解过程生成乳酸的同时释放能量，使 ADP 磷酸化合成 ATP。该系统参与反应的酶很多，其中限制反应速度的是磷酸果糖激酶（phosphofructokinase，PFK）、己糖激酶（hexokinase，HK）和丙酮酸激酶（pyruvate kinase，PK），这三种酶的活性高低决定了糖酵解的速度。

2. 糖酵解系统供能及恢复时间

糖酵解最后的产物是乳酸，乳酸解离产生的氢离子（H^+）占全部酸性物质解离产生 H^+ 的 85%以上，随着运动时间的延长，乳酸生成及堆积增加，是降低细胞内 pH 值的主要因素。pH 值降低后，PFK、HK、PK 等酶的活性会显著下降，使糖酵解速率不能够继续维持下去，因此乳酸的生成是限制糖酵解系统供能时间的主要原因。最大速率下，糖酵解供能的持续运动时间在 30～90 s，一般不超过持续运动 2 min。糖酵解过程合成 ATP 的方式是底物水平磷酸化，合成 ATP 的速率较快，供能的输出功率较大，是磷酸原系统供能功率的一半，约为 25 W/kg・BW。糖酵解系统供能时间比磷酸原系统长，这对需要速度和速度耐力的运动十分重要，是 1～2 min 大强度运动时主要的供能系统。

由于乳酸是限制糖酵解系统供能的主要原因，如果骨骼肌中有大量的乳酸生成，则选择 H^+ 透过肌膜 1/2 量的时间为半时反应，以作为适宜间歇休息时间。运动强度和时间不同，骨骼肌中生成的乳酸数量不一样，乳酸水解出的 H^+ 半时反应时间也不一样。研究认为，30 s 全力运动的 H^+ 半时反应时间为 60 s，其适宜的休息间歇为 60 s 左右；而 1 min 全力运动的 H^+ 半时反应时间约为 3～4 min，因此，1 min 全力运动后休息时间至少要 4～5 min；而 4×400 m 跑后 H^+ 消除的半时反应为 15 min 左右。当然，运动后恢复期骨骼肌乳酸的消除速率也受休息方式的影响，活动性的休息有助于乳酸的消除。如力竭运动后，休息性恢复 H^+ 消除的半时反应需要 25 min，恢复至运动前水平则需要 2 h；活动性恢复 H^+ 消除的半时反应为 11 min，恢复至运动前水平只需要 1 h（表 1-3）。实验证明，进行中等强度的活动（如慢跑）比静坐和躺卧休息方式对乳酸的消除速度快。因为轻量活动时，血液循环较快，输送至肌肉中的氧较静坐状态多，肌肉中有氧代谢水平也较高，有利于血乳酸的消除。

表 1-3　不同运动方式 H^+ 透过肌膜 1/2 量的时间

运动方式	H^+ 透过肌膜 1/2 量的时间
30 s 全力运动	60 s
1 min 全力运动	3～4 min
4×400 m 跑	15 min
长时间力竭运动后安静恢复	25 min
长时间力竭运动后主动恢复	11 min

3. 发展糖酵解系统供能能力的训练特点

科学而有系统的冲酸训练和耐乳酸训练，不仅能够提高肌肉缓冲 H^+ 能力和糖酵解生成乳酸的能力，而且能够提高这些酶在高乳酸环境下做功的能力。同时，系统训练与科学补糖能够提高肌肉糖原的储备，从而提高速度耐力。研究证实，剧烈运动 35 s 时，肌乳酸产生达到最高值，而要发展速度耐力，必须使 CP 耗竭和乳酸堆积到较高程度。因此，35 s 左右是最基本的持续运动时间，如持续运动时间太短，CP 还未消耗到一定程度，不能造成乳酸明显堆积，不利于提高肌肉对乳酸的耐受力。但要注意：运动持续时间也不宜太长，时间太长说明运动强度不够，不能使乳酸水平达到最高，训练效果达不到最佳。一般来讲，发展速度耐力训练的运动持续时间因个体差异不同和训练水平不同而异，在实际训练中，一般不应少于 30 s，训练水平高的运动员可以达到 1 min 左右，间歇时间至少要 3～5 min。

提高糖酵解系统供能能力的训练方法，目前常用的是最大乳酸训练和乳酸耐受训练两种方法。最大乳酸训练法是以提高运动员最大糖无氧酵解能力供能比例为目的、以间歇训练为主要训练手段的训练方法，使运动员的乳酸达到最大堆积，提高运动员最大乳酸产生能力，从而提高运动员最大糖酵解供能能力。训练原则是：①运动时间常为 1～2 min 大强度运动；②间歇为 3～5 min；③在训练中，可递减间歇休息的时间和递增运动与间歇的比例来提高乳酸的含量。乳酸耐受训练法是以提高运动员忍受高乳酸能力为目的、也是以间歇训练法为主要手段的训练方法，是发展无氧代谢供能占 40％～50％的项目体能的主要训练法。训练原则是：①运动时间为 1.0～1.5 min；②间歇时间为 4～5 min；③在第一次练习时，使血乳酸达到 12 mmol/L 以上，在重复训练时使血乳酸维持在这一水平。

（五）有氧氧化系统

1. 有氧氧化系统的物质基础

在供氧充足的条件下，糖、脂肪和蛋白质均能氧化释放能量供 ADP 磷酸化合成 ATP，所以这一供能系统就称为有氧氧化系统。参与有氧氧化系统供能最重要的能源物质是糖。糖和脂肪都能够彻底氧化分解为二氧化碳和水，终产物对供能过程无大的影响，供能主要受氧和能源物质贮量的影响。蛋白质代谢终产物对机体有一定负面影响，不是主要供能物质。

糖氧化分解时所需的氧比脂肪少，氧化分解供能的速率比脂肪快，糖氧化供能的输出功率约为 12.5 W/kg·BW，脂肪和蛋白质输出功率约为 6.25 W/kg·BW，在利用同样数量氧的情况下，糖氧化供能约比脂肪氧化供能多 10%。中等强度（65%～85%最大摄氧量，即 65%～85%VO_2max）、30～60 min 以内的运动中，有氧代谢底物主要是糖。虽然人体内脂肪储备的能量远大于糖储备的能量，但由于糖氧化供能在利用氧的效率上明显大于脂肪酸和蛋白质氧化供能，因此，在长时间及超长时间项目中，虽然脂肪和蛋白质有氧氧化供能也占一定比例，运动中常用补糖来提高糖氧化供能的比例，以提高同样摄氧量条件下运动员的供能。高水平运动员往往具有更高的糖原储备，在训练或比赛中及时补糖，能够帮助运动员恢复糖的储备和增加糖的利用，从而提高训练或比赛的成绩。

2. 有氧氧化系统供能及恢复时间

（1）糖的有氧代谢

体内的糖主要以肌糖原、血糖和肝糖原的形式存在。运动需要动用糖代谢供能时，首先动用的是肌糖原，随着运动的持续，肌内摄取血糖的数量增加，可反射性地引起肝糖原分解成葡萄糖，补充及维持血糖浓度的相对稳定，确保运动能力的正常发挥。

尽管在骨骼肌中有约占人体糖贮量 70%的肌糖原，但是在休息状态下，基本不利用肌糖原分解来获得能量，只有在运动时，肌糖原才被动用供能。肌糖原贮量的多少与运动能力和抗疲劳关系密切，运动训练可以提高肌糖原的贮量。运动时，参与肌糖原分解的酶迅速激活，肌糖原成为骨骼肌最重要的能源物质之一。

递增负荷运动时，肌糖原利用速率随着运动强度增大而相应增大，肌糖原利用速率与运动强度（用%VO_2max 表示）之间存在指数关系。研究表明，当以 20%～30%VO_2max 强度运动时，肌肉主要由脂肪酸氧化供能，很少利用肌糖原；当接近或超过 90%～95%

VO_2max强度运动时，肌糖原分解极其迅速，使局部肌糖原迅速下降，运动能力也随之下降。

机体以中等强度持续运动时，在不同的运动时段肌糖原的利用速率有所不同。以60%～85%VO_2max强度长时间运动时，最初阶段肌糖原的利用速度最快，持续阶段时利用率减慢，最后阶段分解速率也大幅度下降，利用率最低，肌内的补偿措施是提高血糖吸收和脂肪动用。当以不同强度运动至力竭时，持续的时间不同，肌糖原消耗量不同。在75%VO_2max强度力竭性运动时，肌糖原消耗最大。表明机体以中等强度长时间运动时，肌糖原的消耗量最快最多，运动能力下降得愈快。

骨骼肌摄取和利用血糖随运动强度的增大而相应增多。在短时间极量运动的初始阶段，肌细胞不吸收血糖。中等强度运动初期，肌肉吸收血糖急剧上升，在40 min时净吸收血糖量是运动前的7～20倍。随着运动强度增大，肌肉吸收血糖量增多，其主要原因是肌肉血流量增加促进了肌肉摄取和利用的血糖增多。可见，大强度运动时，血糖需要量最多，提高大强度运动时，血糖的利用是提高和保持运动能力的关键。

随着运动时间延长，骨骼肌摄取利用血糖的量保持上升趋势，但强度不同，摄取血糖的高峰时间不同。研究报道：运动强度低（30%VO_2max）时，摄取血糖的高峰时间出现在90～180 min；运动强度较高（60%VO_2max）时，摄取血糖的高峰时间出现在90～120 min，随后骨骼肌摄取血糖的速率逐渐下降。对于长时间耐力性运动项目，延迟骨骼肌摄取血糖的高峰时间，防止骨骼肌摄取血糖的速率过早下降是保持长时间运动的关键。

运动中骨骼肌大量吸收和利用血糖，与肝糖原分解和肝脏糖异生释放葡萄糖相联系。肝糖原可以分解为葡萄糖释放进血液。肝脏也可以将简单的非糖基质（丙酮酸、乳酸、甘油、生糖氨基酸等）转变为糖（葡萄糖或糖原），这个过程称为肝脏糖异生。肝脏糖异生是维持机体血糖处于正常水平的重要机制之一。肝糖原分解释放葡萄糖对运动能力的重要性反映在耐力运动中，与维持血糖水平和中枢神经系统及肌肉的供能过程有关。正常进食后安静时，肝葡萄糖释放量较低，只需满足大脑和依靠糖酵解供能的组织需要。运动时，为补偿骨骼肌吸收血糖，造成血糖消耗，肝葡萄糖释放速率随着运动负荷增大和运动时间延长而加快。

运动时，肝糖原分解加快，分解速度与运动强度约呈线性关系。在短时间激烈运动时，肝脏葡萄糖生成以肝糖原分解为主（占90%左右），但由于运动持续时间短，肝糖原排空量很少。因此，运动时间也影响肝糖原分解的速率。长时间大强度运动时，肝糖原分解占肝葡萄糖释放总量比例逐渐减少，而肝脏糖异生生成的葡萄糖所占比例增大。当肝中储存糖原接近排空时，肝糖原分解减少到最低程度。

短时间大强度运动时，肝脏糖异生作用不明显。在长时间持续运动时，前 40 min 内糖异生速率变化不大，相对的葡萄糖生成和输出量约占肝糖输出量的 6%～16%，随着时间的延长，糖异生基质的血浆浓度逐渐升高，糖异生供糖的相对比值在运动 3～4 h 可达 40%～45%，绝对的代谢速率提高 2～3 倍。当肝糖原趋于耗竭时，血糖的来源几乎全部为糖异生过程提供。

肌糖原是运动时最快被动用的糖，其消耗速率主要与运动强度有关。运动时，在激素等的作用下，肝糖原分解增加；运动后，肌细胞不断吸收血糖，合成肌糖原，而肝糖原在运动后的一段时期内还在分解，以维持血糖浓度的相对稳定。故肌糖原的恢复速率比肝糖原快。

通过运动前、运动中及运动后有规律的补糖，可以防止疲劳的过早发生、延长运动时间，提高运动能力和促进运动后运动员恢复。运动前补糖是增加体内肌糖原、肝糖原储备和血糖的来源；运动中补糖可以提高血糖水平、节约肌糖原、减少肌糖原耗费以延长耐力时间；运动后补糖是为了加速肌糖原的恢复。

(2) 脂肪的有氧代谢

由于人体糖储量非常有限，运动中补糖能被消化、吸收和利用的量也是有限的，运动时间超过 30 min 左右，脂肪动员逐渐接近最高水平，因此在超长时间竞赛项目中，还是有相当大的一部分能量靠脂肪氧化供给。脂肪是人体内数量最大的储能物质，其储量远比糖的储量大，从储能数量而言，人体脂肪储量可以满足任何耐力运动，是安静和运动时不可缺少的供能物质。目前普遍认为，在运动时间为 90～120 min 的传统长时间运动项目，运动训练中应着重培养糖有氧代谢能力；而在长时间（如 100 km）的自行车赛，和一些新兴的超长耐力项目，如超级马拉松跑、横渡海峡游泳或帆船等 6 h 以上的运动，以及挑战人体耐力极限的各种体力活动中，应该注重培养脂肪有氧代谢能力，在训练强度安排上，应该注重如何最大限度地提高脂肪代谢能力，在膳食安排上，应该保证适量高脂膳食。经过系统耐力训练后，可以增加肌肉利用脂肪供能的能力。另外，肝脏在运动中能够把脂肪酸分解为酮体，肌肉、大脑都可以利用酮体直接氧化供能。因此，肝脏产生酮体其意义就在于充分利用代谢器官帮助运动器官提供易利用的能源，这在长时间运动中是很有意义的，注意保护好肝脏的功能对耐力项目运动员也是非常重要的。脂肪不是短时间、极量强度运动时的主要能源物质，只有在长时间、中低强度运动时，其参与供能的比例才会增加。

控体重的运动员利用有氧运动帮助消耗体内脂肪时必须注意避免两个误区：一是运动强度过大。强度过大时，人体消耗最快的是糖而不是脂肪。有研究表明，一般人在以 70%～75%VO_2max 强度运动 30 min 后，脂肪消耗的速度即可达到最高。二是过分限制主食。脂肪氧化供能需要糖的参与，所以当体内糖储备很少时，脂肪也很难被氧化掉，所以必须吃一些主食，然后利用低强度的有氧运动来消耗掉脂肪。

（3）蛋白质的有氧代谢

蛋白质是人体细胞结构的重要组成部分和功能单位，人体内的蛋白质本不应该用来参与能量供应的，但在力竭性运动中，当肌糖原的浓度降低到一定水平时，蛋白质和氨基酸就会在有氧代谢过程中分解供能。长期耐力训练可以通过提高某些氨基酸代谢酶的活性，使氨基酸代谢发生适应性变化，使氨基酸氧化供能速度加快。氨基酸分解以后主要的代谢产物是氨，氨对人体有较大的毒性，因此需要通过一些代谢转化过程来缓解其有害作用。一部分氨会与糖代谢产生的丙酮酸反应，生成丙氨酸，然后进入丙氨酸-葡萄糖循环，以避免血氨过高；另一部分氨则在肝脏中经过鸟氨酸循环被转变为尿素，经过肾脏随尿液排泄出体外。长时间运动时，5%～10%甚至更多的能量是来源于氨基酸氧化分解。如在 90 min 的高强度训练中，蛋白质能为肌肉提供高达 20%的能量供应。

3. 发展有氧氧化系统供能能力的训练特点

有氧氧化系统供能是安静状态、低强度运动、长时间中等或亚极量运动强度运动时主要的供能方式。由于有氧代谢供能需要大量的氧气，发展有氧氧化系统供能能力的训练必须确保运动员能够得到充足的氧气供应，或者提高机体对氧的利用率。因此，发展有氧氧化系统供能能力的训练常用绝对或相对中、低强度的训练来保障氧气的供给和利用，避免高强度训练生成和积累乳酸，同时注意充足的间歇时间和营养补充来保障机体的及时恢复。

提高有氧氧化系统供能能力的训练方法通常有乳酸阈强度训练、最大乳酸稳态训练、中低强度间歇或持续训练等。

在进行递增负荷强度运动时，血乳酸浓度随运动强度的增加开始阶段性缓慢上升，当运动强度达到某一负荷时，血乳酸浓度出现急促上升的拐点（在 4 mmol/L 左右），称为乳酸阈，对应的负荷强度称为乳酸阈强度。乳酸阈反映人体以有氧代谢供能为主，向开始大量动用无氧代谢供能过渡的临界点（转折点）。由于乳酸阈存在着个体差异，根据运动时血乳酸动力学特点，求出每个运动员的乳酸阈值，称为个体乳酸阈值。个体乳酸阈值范围为 2.1～4.6 mmol/L。采用乳酸阈尤其是个体乳酸阈强度安排运动训练，可以有效地提高运动员机体的有氧氧化系统供能能力。

最大乳酸稳态训练是指不会导致血乳酸持续积累的最高运动负荷所对应的训练。最大乳酸稳态的强度代表着乳酸运转进入血液与乳酸被运转出血液达到平衡时的最大强度。血乳酸稳定在较低水平有利于有氧氧化系统的发展。运动员进行多次持续时间为 30 min 的恒定次最大强度的运动，最后 20 min 内血乳酸变化不超过 1 mmol/L 的运动强度，即最大乳酸稳态强度，这种强度下最后 20 min 的平均血乳酸，即最大乳酸稳态，一般在 3～7 mmol/L。不同运动方式的最大乳酸稳态不同，动用肌肉量越多的运动项目最大乳酸稳态越低。

为发展有氧代谢能力的间歇训练，运动强度应在乳酸阈以内，持续时间要适当延长，间歇时间与运动时间一样长。长时间持续训练也是提高有氧氧化系统供能能力的一种训练方法。持续训练是要求运动员以低或中等强度维持一段时间恒定速度的运动。这种训练方法对耐力项目运动员尤其重要。在训练中常用“超长距离”训练，运动员跑超过自己比赛距离的 2～5 倍，在完成超距离任务时，逐渐提高跑速，使机体获得更大的有氧代谢适应。总之，发展有氧氧化系统供能能力的训练特点可以用“有氧低乳酸”来概括。

（六）三大供能系统的关系

三大能量代谢系统是生命运动不可分割的一个整体，无论哪一种项目，在运动时都不可能由单一能量代谢系统提供全部能量，一定是以某一能量代谢系统为主，其他系统共同参与供能，是各能量代谢系统间的连续释放统一的过程。

不同的运动项目，由于运动的方式不同，运动时的供能特点也不一样；相同的运动项目，不同的个体，不同的环境、条件下，在运动过程中各供能系统供能的比例也不一样。各供能系统有各自不同的特点，主要有供能时间不同、输出功率不同、运动后恢复的半时反应不同等。在进行专项供能能力训练时，必须根据所发展的供能系统供能时间的长短，安排运动的时间；在运动后根据能量物质恢复的半时反应，选择适宜的间歇，使能量物质尽量恢复，为下一次运动提供充足的能源物质。这样重复多次的训练，机体都不易疲劳，即达到发展专项供能能力的目的，又使训练课的运动总量达到最高水平，从而使机体承受大的运动负荷刺激，提高其专项机能水平。

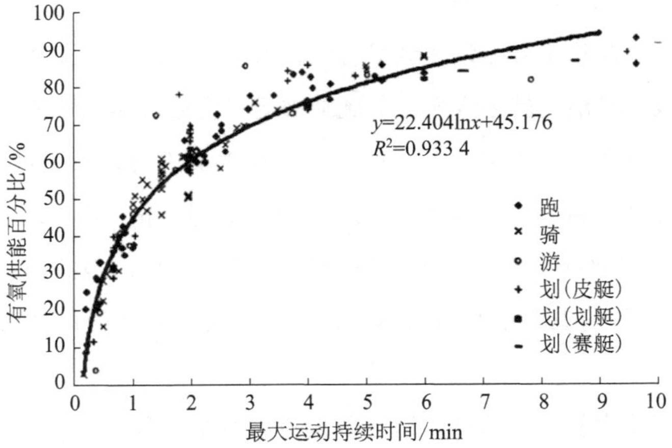

图 1-3　不同运动方式最大运动的有氧供能比例图（黎涌明，2013）

涉及周期性运动方式的跑步、自行车、游泳、皮划艇和赛艇等 5 种项目的研究表明，有氧供能比例与高强度运动的持续时间呈指数正相关［$y=22.404\ln x+45.176$，$R^2=0.9334$，y 为有氧供能百分比（%），x 为持续时间（min）］，其中，有氧供能主导和无氧供能主导的分界点为 1.24 min。即当最大持续运动时间小于 1.24 min 时，有氧供能百分比小于 50%，能量供应以无氧为主；当最大持续运动时间大于 1.24 min 时，有氧供能百分比大于 50%，能量供应以有氧为主。

大多数非周期性项目的运动形式为多种动作方式组合下的间歇性运动，运动员在这一过程中有静止和慢速运动时刻（如格斗对抗类项目的非接触环节，球类项目的走动环节），因此，非周期性项目的有氧供能比例要大于或等于将该项目相应持续时间代入图 1-3 中的公式得到的有氧供能比例值。例如，男子柔道每局的持续时间为 5 min，将 5 min 代入图 1-3 中的公式，得到有氧供能比例为 81.2%，因此，柔道每局运动的有氧供能比例大于等于 81.2%。另外，由于图 1-3 中的公式的来源数据中最长持续时间为 10 min，因此，图 1-3 中的公式的适用范围为持续时间小于等于 10 min 的高强度运动。当持续时间为 10 min 时，计算得到的有氧供能比例为 96.8%。对于持续时间大于 10 min 的周期性和非周期性项目来说，其有氧供能比例都可认为大于 96.8%。举重、投掷、跳跃等持续时间小于 10 s 的项目，利用图 1-3 中的公式进行计算，其有氧供能比例小于 16%。不同运动项目的有氧供能比例可参见图 1-4。

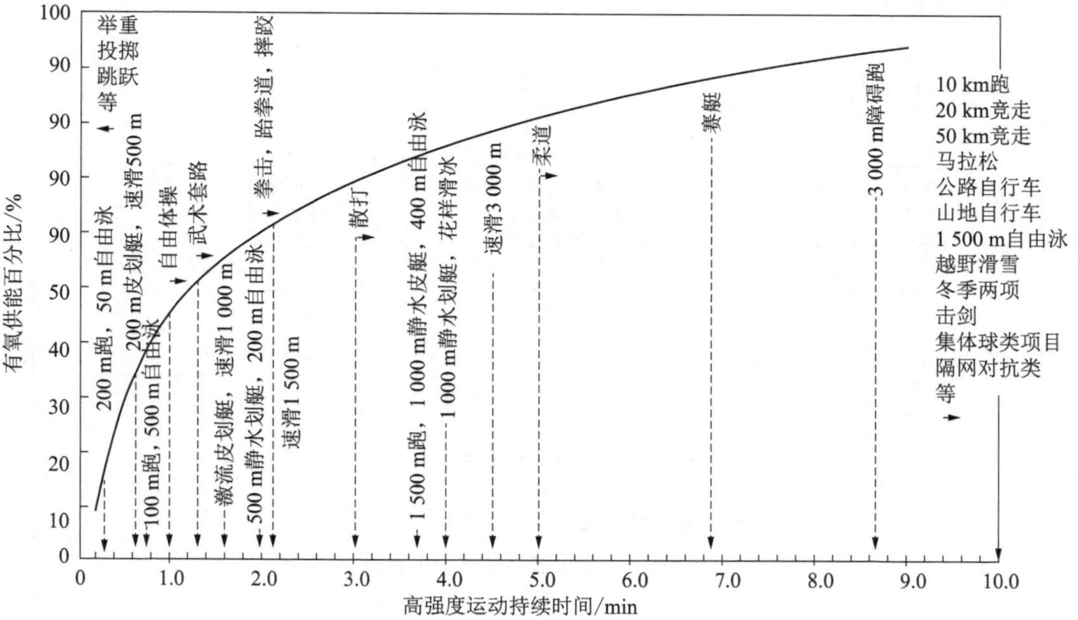

注：← 表示小于此点对应的有氧供能比例，→ 表示大于此点对应的有氧供能比例；时间参照2013年全国运动会男子(单人)项目的冠军成绩。

图 1-4　不同运动项目的有氧供能比例示意图（黎涌明，2014 年）

人体运动时，不同训练负荷能量动员的顺序、生理生化代谢特点及对应发展的身体运动素质，可以用图 1-5 进行简单描述。但应当注意的是，图 1-5 中各系统供能的多或少指的是各供能系统参与供能的相对比例，而不是绝对值。例如，在长时间耐力运动中，磷酸原系统供能的绝对量肯定大于短时间最高强度运动中磷酸原系统供能的绝对值，只是在耐力运动中该绝对值所占比例极小。同样，无氧项目运动员也需要发展有氧能力，因为 CP 再合成的速度以及乳酸的消除速度都与代表耐力水平的最大摄氧量有很高的相关性，尤其是有大肌群参与运动的项目。例如，举重运动按供能系统划分，主要为磷酸原系统，是典型的无氧供能项目，它的特点是要求运动员在较短的时间内，肌肉的最大紧张和用最快的收缩速度来完成最大的功。一般情况下，不管是抓举或是挺举，完成一次动作的时间不会超过 10 s，因此，从时间上分析是以磷酸原系统供能的为主，是典型的高能磷酸化供能的运动项目。但是要达到举重的极限，机体需要一个渐进的、有机的调动过程，运动员在训练中或是比赛中，要想达到 100％的运动强度，需要安排很多组、很多运动负荷递增的过程或准备活动，在此过程中，单纯依靠磷酸原系统的供能不能完全满足一堂大强度负荷训练或者参加比赛的需要，还要求运动员同时具备较强的其他供能能力——良好的糖酵解能力和有氧代谢能力。

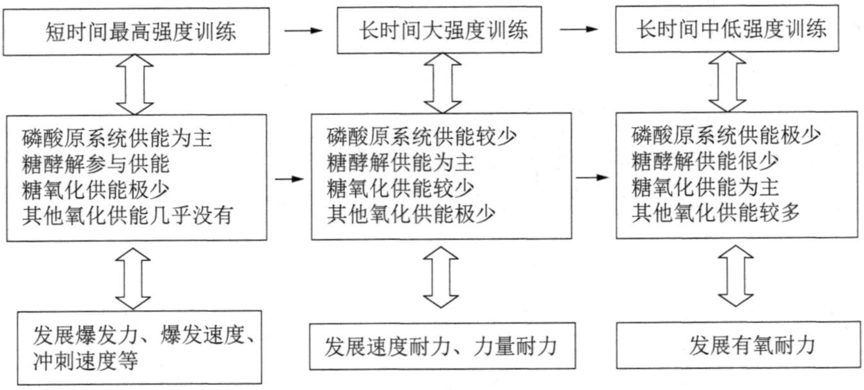

注：其他氧化供能包括脂肪分解供能和蛋白质分解供能。

图 1-5　不同训练负荷人体内能量动员的顺序、生理生化代谢特点及与对应发展的身体运动素质的关系（冯连世，2006）

三、基础体能训练的能量代谢特征

基础体能训练是体能训练和运动表现的重要组成部分，是指为完成非专项运动时表现出来的身体运动能力进行的训练，一般包括力量训练、速度训练、耐力训练、柔韧训练、协调训练及训灵敏练等。基础体能训练的目的是巩固运动员的身心健康，纠正运动员的身体形态，改善运动员动作功能质量，提高运动员的基本运动能力，为专项体能水平提高奠定基础。

（一）力量训练的能量代谢特征

力量素质是指人的身体或身体某些部分用力的能力或指肌肉在人体活动中克服内部和外部阻力的能力。内部阻力包括肌肉韧带的黏滞力、关节的加固力、各肌肉间的对抗力等；外部阻力包括人体自身的重力、支撑反作用力、摩擦力、离心力、介质阻力、惯性力等。力量的分类方法有多种，根据完成不同体育活动时力量的表现特点不同可分为最大力量、快速力量和力量耐力。

最大力量指肌肉通过最大随意收缩，克服阻力过程中所表现出的最高力值。最大力量取决于传入肌肉的神经冲动的强度和频率，取决于肌肉收缩的内协调能力和关节角度的变化。最大力量的要求从能量供应的角度出发则需要提供最大功率，三大能量代谢系统中功率最大的是磷酸原系统，因此最大力量训练的能量代谢特征是以磷酸原系统供能为主，其训练方法以发展磷酸原系统供能能力的训练为主。

快速力量指肌肉尽快和尽可能高地发挥力量的能力，包括起动力量、爆发力量（通常称爆发力）、制动力量等。快速力量取决于肌肉的收缩速度和最大力值，从能量供应的角度出发也需要提供最大功率，因此，快速力量训练的能量代谢特征是以磷酸原系统供能为主，其训练方法以发展磷酸原系统供能能力的训练为主。

力量耐力指肌肉在静力或动力性工作中长时间保持肌肉紧张，而不降低工作效果的能力。力量耐力对肌肉长时间的用力要求，则需要人体能量供应能维持较长时间，因此，力量耐力训练的能量代谢特征是以糖酵解和糖有氧氧化系统供能为主，其训练方法以发展糖酵解系统和糖有氧氧化系统供能的训练为主。

（二）速度训练的能量代谢特征

速度素质是指人体或人体某部位快速运动的能力，也就是人体或人体某一部位快速做出运动反应、快速完成动作、快速移动的能力。速度素质包括反应速度、动作速度和位移速度。

反应速度是指人体对各种信号刺激（声、光、触等）快速应答的能力。对反应速度有要求的竞技体育项目，基本都要求反应速度绝对的快，其供能应以磷酸原系统为主，因此，反应速度的训练应以发展磷酸原代谢系统供能能力的训练为主。

动作速度是指人体或人体某一部分快速完成动作的能力。移动速度是指人体在特定方向上位移的速度。动作速度和移动速度在竞技体育中存在绝对快和相对快。绝对快指动作速度和位移速度接近运动员最大能力。在短时间、大强度的动作速度和移动速度训练的能量代谢特征是磷酸原系统供能为主。相对快指对动作速度和位移速度有一定要求，接近运动员中等以上能力，中等强度和长时间的动作速度和位移速度训练的能量代谢特征是以糖酵解和糖有氧氧化系统供能为主，其训练方法以发展糖酵解系统和糖有氧氧化系统供能的训练为主。

（三）耐力训练的能量代谢特征

耐力素质是人体在一定时间内保持特定强度负荷或动作质量的能力。耐力水平的提高表现为更长时间保持特定强度或动作质量，或在一定时间内承受更高强度的能力。

一般把耐力分为有氧耐力和无氧耐力。无氧耐力主要是指机体以糖酵解为主要供能形式，坚持较长时间高强度运动的能力，其训练方法以发展糖酵解系统的训练为主。有氧耐力是指机体在氧气供应比较充足的情况下，以糖的有氧氧化为主，坚持长时间运动的能力。有氧耐力是以糖有氧氧化系统供能为主，其训练方法以发展糖有氧代谢系统的训练为主。

（四）柔韧训练的能量代谢特征

柔韧素质是指人体关节活动幅度的大小，以及跨过关节的韧带、肌腱、肌肉、皮肤及其他组织的弹性和伸展能力。

柔韧素质从其外部运动状态的表现看可分为动力性柔韧素质和静力性柔韧素质。动力性柔韧素质是指肌肉、肌腱、韧带根据动力性技术动作需要，拉伸到解剖学允许的最大限度能力，随即利用强有力的弹性回缩力来完成所要完成的动作。静力性柔韧素质是指肌肉、肌腱、韧带根据静力性技术动作的需要，拉伸到动作所需要的位置角度，控制其停留一定时间所表现出来的能力。无论动力性还是静力性柔韧素质，其训练都应避免暴力性动作，宜以相对适中的力度进行，因此，柔韧训练的能量代谢特征是以有氧氧化系统供能为主，其训练方法以发展有氧氧化系统供能的训练为主。

（五）协调训练的能量代谢特征

协调能力是指人体在运动时，机体各器官系统、各运动部位配合一致，完成动作的能力。具体说，身体各种感受器官接受内外环境变化刺激，将刺激能量迅速转化为神经活动而发生大脑皮质的兴奋与抑制的相互转化，来支配和调动身体各部位的肌肉积极工作、协调一致地完成各种技术动作的能力。它是动作行为发生过程中神经、肌肉、感知觉三大系统之间合理配合、快速一致的结果，包括节奏、控制、平衡、定向、衔接、分辨、反应和感知能力等。

协调能力外在表现出来主要是骨骼肌之间相互的合理配合、动作适宜，协调需要中枢神经系统的快速反应和指挥，相对骨骼肌而言，并非强调一定要快速反应，而是适宜反应，因此，基础的协调训练的能量氧化特征是以糖有氧氧化系统供能为主，其训练方法以发展糖有氧氧化系统供能的训练为主。在竞技体育中，针对专项运动技术的协调训练，则需要考虑专项特征，根据专项供能特征合理安排相互协调训练的能量供应训练，即在大强度专项训练的协调能力要求中则要相应考虑磷酸原系统或糖酵解系统供能训练方法。

（六）灵敏训练的能量代谢特征

灵敏素质是指运动员在没有准备状态下的急起、急停、变向、再加速的运动能力，即在各种突然变换的条件下，改变身体运动的空间位置和运动方向的能力，是力量、速度、耐力、柔韧、协调等素质的综合表现。

爆发力是起动加速和减速变向的素质基础，灵敏更强调减速能力（制动力）及随之而来的减速-加速耦合过程。在许多运动项目中，它比简单地获得和保持速度更加重要。灵敏素质水平高的运动员可以在不同的速度的情况下改变运动方向、把控速度节奏，同时又具备着在高速运动中再发力的能力。从灵敏素质的特征可以看出，灵敏训练的能量代谢特征是以磷酸原系统供能为主，其训练方法以发展磷酸原系统供能的训练为主。

（七）基础体能训练能量代谢特征的普遍性与特殊性

基础体能训练的能量代谢特征以最基础的体能训练要求来进行分析，各种训练的能量代谢特征具有普遍性。但由于运动员个体的差异，以及随着运动员运动能力的提高和不同项目的要求，基础体能训练的能量代谢性质对个体而言又存在特殊性。即同样的训练负荷，对有的运动员来说是有氧代谢供能，而对有些运动员来说是无氧代谢供能；同样的训练负荷对同一个运动员而言，可能原来是无氧代谢供能，经过一段时间训练后，由于运动能力的提高，现在是有氧代谢供能；同样动作的训练，强度和时间要求不同，供能代谢系统也不同。因此，在运动训练中，要深刻理解三大能量代谢系统的本质特征和基础体能训练的根本要求，辩证统一地分析和认识训练实践要求。

第三节　运动训练生理生化监控常用指标

一、评价训练强度和训练量常用生理生化指标

（一）心率

心率（heart rate，HR）是心脏周期性机械活动的频率，即心脏每分钟搏动的次数，单位为次/分（beat/min 或 b/min 或 bpm）。清晨起床前空腹卧位时的心率称为基础心率，基础心率通常较为稳定，成年耐力型项目的运动员基础心率多在 40～60 bpm。测量基础心率可辅助判断运动员机能状态动态变化，尤其是赛前阶段。若休息调整后，基础心率超

过一般阶段20%以上，表明运动员状态不佳，教练员在安排当天训练时应适当控制强度课总量。运动时的心率是反应训练强度的良好指标。训练实践中测量即时心率最简单的办法是10 s中颈动脉脉搏计数，乘以6后即是每分钟心率。

（二）乳酸

乳酸是糖酵解的终产物。运动员正常生理状态下血乳酸在1.0～2.0 mmol/L范围内波动，空腹时较餐后低。血乳酸是评价运动强度的经典指标，运动时随运动强度增加血乳酸浓度升高。一般同一运动强度下持续运动4～10 min血乳酸浓度达到稳态。运动中产生的血乳酸也是重要的能量底物，可在邻近慢肌纤维参与有氧氧化供能，也可转运至肝脏内糖异生为葡萄糖。相同亚极量运动强度下运动时，无氧能力好的运动员血乳酸浓度相对较高，有氧能力好的运动员血乳酸浓度较低，这一特点可用以运动员选材。

（三）肌酸激酶

人体大多数酶存在于细胞内，并发挥催化功能，存在于血清或血浆中的酶称为血清酶或血浆酶。运动时，骨骼肌组织剧烈牵拉，会引起骨骼肌细胞内的酶从肌细胞中漏出进入血液，使血清酶增多，活性增高。测定血浆或血清中的酶活性是评价身体机能的重要手段。肌酸激酶是其中最常用的一个。当达到一定运动强度时，肌酸激酶由肌细胞渗漏，进入间质液，之后被淋巴系统吸收，释放进入循环血中。训练水平、运动强度、运动持续时间均对血清肌酸激酶有显著影响。男子运动员肌酸激酶正常范围为10～300 U/L，女子为10～200 U/L。通常，安静状态时男性较女性血清肌酸激酶值高；安静状态下肌肉含量高的运动员比肌肉含量低的运动员肌酸激酶高。与运动持续时间相比，运动强度对肌酸激酶的影响更大。短时间极限运动后，血清肌酸激酶在8～24 h达到峰值，48 h后逐渐恢复。较长时间的激烈运动后0～2 h，血清肌酸激酶轻度增加，16～24 h达到峰值，48～96 h后恢复至运动前水平。跑、跳、竞走等足底冲击力较大的运动较自行车、赛艇等足底冲击力较小的项目，在运动后血清肌酸激酶增幅大。离心运动较向心运动肌酸激酶增幅大。

（四）尿素

尿素是蛋白质和氨基酸代谢的终产物，在肝脏合成释放入血，称为血尿素。血尿素经血液循环到肾脏随尿液排出体外。血尿素浓度的高低受肝脏尿素合成和肾脏排泄功能的影响。在正常生理状态下，尿素的生成和排出处于平衡状态，血尿素保持相对稳定。肾素-血管紧张素-醛固酮系统、交感神经系统和精氨酸-升压素在血尿素调节中有重要作用。运动训练过程中前两个方面的功能都会发生显著变化。目前的研究认为，血尿素对训练量的变化较为敏感。一般来说，大负荷量训练后次日晨血尿素会升高，经阶段训练对负荷量适应后血尿素下降。我国优秀运动员晨起血尿素正常参考范围为 4～7 mmol/L。血尿素在训练实践中应用广泛，不同训练阶段系统性地测量血尿素，有助于评定运动员对训练负荷量的适应情况。有研究认为，结合血尿素与血肌酐的比值有助于判断机能状态的变化。但需注意的是高蛋白饮食也会造成血尿素的显著升高。

（五）尿蛋白

在生理状态下由于分子筛屏障和电荷屏障的作用，分子量大于 69 KD 并带有电荷的微量蛋白分子不能通过肾小球滤过屏障。当运动训练导致肾小球完整性受损，一些分子量较大的蛋白分子漏出增加，超过肾小球重吸收阈值，尿中蛋白浓度即增加，出现蛋白尿，也称为运动性蛋白尿。尿中较常见的大分子蛋白有微量白蛋白（mA1b）、尿转铁蛋白（UTf）。一次性运动后尿蛋白的变化与训练负荷有关，尤其是训练强度对其影响更大。一般认为，运动后尿蛋白增多，若 4 h 或次日晨仍不能恢复至安静水平，意味着训练量和训练强度过大。安静状态时，持续性的尿蛋白增高（任意一次尿中 mA1b 大于 300 mg/gCr）需考虑可能发生早期肾损伤，应及时就医。

二、评价机能状态常用生理生化指标

（一）血常规各项指标

随着技术的飞速发展，血常规的监测越来越便捷，在运动员日常机能状态监控中广泛应用。但对运动员而言，受训练应激的影响，血常规各项指标是重要又最不容易全面解读的临床检查。血常规检测结果可分为 2 大类，一类是白细胞及其分类（淋巴细胞、中性粒细胞），白细胞通过不同方式、不同机制消灭病原体、消除过敏、参加免疫反应，是机体抵抗病原微生物等异物的主要防线；一类是红细胞及其相关指标，主要反应机体氧运输能力变化情况。如表 1-4 所示。

表 1-4　血常规各项指标正常值范围

项目名称	缩写	正常值	单位
白细胞计数	WBC	4.0～10.0	$\times 10^9/L$
淋巴细胞计数	LYM	0.8～4.0	$\times 10^9/L$
中值细胞计数	MID	0.3～0.8	$\times 10^9/L$
中性粒细胞计数	NEUT	1.2～6.8	$\times 10^9/L$
淋巴细胞百分比	LYM%	17.0～48.0	%
中值细胞百分比	MID%	4.0～10.0	%
中性粒细胞百分比	NEUT%	43.0～76.0	%
红细胞计数	RBC	3.8～5.8	$\times 10^{12}/L$
血红蛋白	Hb	110.0～165.0	g/L
红细胞比容	Hct	35.0～50.0	%
血小板计数	PLT	150.0～395.0	$\times 10^9/L$
平均红细胞体积	MCV	80.0～97.0	fL
平均血红蛋白含量	MCH	26.5～33.5	pg
平均血红蛋白浓度	MCHC	315.0～350.0	g/L
平均血小板体积	MPV	6.5～11.0	fL
红细胞平均宽度	RDW	10.0～15.0	%

1. 白细胞、中性粒细胞、淋巴细胞

白细胞是一种无色、球形、有核的血细胞，根据其形态、功能和来源部位可以分为三大类：粒细胞、单核细胞和淋巴细胞。正常成年人 WBC 正常值在（4.0～10.0）$\times 10^9/L$。由于个体差异，在这个数值上下浮动 $0.5\times 10^9/L$，一般认为大致正常。成年男女一般都在这个范围内，且性别之间没有太大不同。当 WBC 低于 $4\times 10^9/L$ 时可能存在白细胞减少，低于 $2.5\times 10^9/L$ 时应考虑可能存在免疫功能异常，需要去医院全面检查以诊断是否罹患其他疾病。WBC、NEUT、LYM 及其百分比是评价运动员免疫功能和机能状态变化的常见指标。

安静、休息时 WBC 较低，早晨进食后升高；WBC 也受生物节律的影响，一般在早晨较低，下午较高，一日内最高值和最低值可相差 1 倍；脑力劳动、冷热水浴、日光或紫外照射可导致 WBC 轻微增高；严寒、酷热环境下 WBC 高达 15×10^9/L，或更高；剧烈运动、剧痛、情绪激动也会引起 WBC 显著增高，最高可达 35×10^9/L，这种应激性的升高主要是由于循环池和边缘池粒细胞重新分布所致。吸烟者 WBC 及其分类计数也高于不吸烟者 30%。WBC 和 NEUT%通常会发生同步变化，如大强度运动后显著增加；遭遇伤寒、流感，若无并发症，WBC 和 NEUT 均同步降低。

淋巴细胞是人体主要免疫活性细胞，约占 WBC 总数的 1/4，可分为 B 细胞（20%～30%）、T 细胞（60%～70%）和少数的 NK 细胞（杀伤细胞）、N 细胞（裸细胞）、D 细胞（双标志细胞）；B 细胞寿命较短，一般寿命为 3～5 天，经抗原激活后分化为浆细胞，产生特异性抗体，参与体液免疫；T 细胞寿命较长，寿命可达数月至数年，被抗原至敏后可产生多种免疫活性物质，参与细胞免疫。LYM 及其百分比在运动员极度疲劳状态时会下降，但遭遇病毒（风疹、流行性腮腺炎、疱疹病毒等）感染则会升高，疲劳逐渐消除或病毒感染恢复期慢慢恢复正常；服用阿司匹林、氟哌啶醇等药物时也会导致 LYM 增多，而使用肾上腺皮质激素、促肾上腺皮质激素或发生严重化脓性感染时 LYM 减低。

2. 红细胞、血红蛋白及红细胞平均指数

红细胞是血液中数量最多的有形成分，来源于骨髓造血干细胞。成熟的红细胞平均寿命约 120 天，衰老的红细胞在脾脏被分解为铁、珠蛋白和胆红素。红细胞有交换和携带气体的功能，对运动员有氧工作能力的提高至关重要，其生理功能的实现是通过胞内的血红蛋白来实现的。血红蛋白的合成受激素的调节，睾酮、红细胞生成素可促进 δ-氨基-γ 酮戊酸合成酶和血红蛋白的合成。男性红细胞数量在 6～7 岁时最低，随着年龄的增长而逐渐上升，25～30 岁达到高峰，30 岁后随年龄的增长而逐渐下降；女性红细胞数量也随着年龄的增长而逐渐上升，13～15 岁达到高峰，随后受月经、内分泌功能的影响而逐渐下降，21～35 岁维持最低水平，以后随着年龄的增长而逐渐上升至与男性相当的水平。男女在 15～40 岁期间 RBC 差异明显，主要是男性雄性激素水平较高，其中的睾酮有促进红细胞生成的作用。红细胞和血红蛋白也受生物节律的影响，一般在上午 7 时达高峰，随后下降。

兴奋、恐惧、冷水浴等刺激会导致肾上腺素分泌增多，红细胞暂时性升高。剧烈运动时，机体耗氧量增多，相对缺氧会使红细胞生成素增加，骨髓加速释放红细胞，也会导致红细胞增多；高原训练时，因血氧分压低，在缺氧刺激下红细胞代偿性合成增多。各种急慢性胃肠道出血、缺铁则会造成红细胞数量减少。

运动性贫血在运动员群体，尤其是女子运动员群体中发生率较高，也是科医人员在日常机能监控和医务监督工作中需要注意的问题。评价贫血程度时，Hb 指标优于 RBC 指标，红细胞平均指数的各项指标（MCV、MCH、MCHC、MCV、RDW）是辅助判断贫血的良好指标。运动员群体中以大细胞性贫血、小细胞低色素贫血较为多见。发生大细胞性贫血或小细胞低色素贫血时，RBC 与血红蛋白浓度不成比例；大细胞性贫血的血红蛋白浓度相对较高，小细胞低色素贫血时血红蛋白浓度降低，但 RBC 正常（表 1-5）。Bessman提出的 MCV/RDW 分类法（表 1-6）对贫血类型的诊断、鉴别具有重要的参考意义，诊断的灵敏度为 83.4%～100%。正确鉴别运动员贫血的类型才能有针对性地去纠正。

表 1-5　贫血的红细胞形态学分类

分类	MCV	MCH	MCHC	贫血类型
正常细胞性贫血	正常	正常	正常	再生障碍性贫血、急性失血性贫血、某些溶血性贫血
大细胞性贫血	升高	升高	正常	各种造血物质的缺乏或利用不良造成的贫血
小细胞性贫血	降低	降低	正常	慢性感染、慢性肝肾疾病性贫血
小细胞低色素贫血	降低	降低	降低	缺铁性贫血及铁利用不良贫血、慢性失血性贫血

表 1-6　贫血的 MCV/RDW 分类法

	MCV 下降	MCV 正常	MCV 升高
RDW 正常	轻型珠蛋白生成障碍性贫血、慢性贫血	慢性贫血、遗传型球形红细胞贫血、某些重型血红蛋白病	再生障碍性贫血、骨髓增生异常综合征
RDW 升高	缺铁性贫血、β-珠蛋白生成障碍性贫血、某些慢性贫血、G6PD 缺乏症	早期缺铁性贫血、镰状细胞贫血	维生素 B_{12} 或叶酸缺乏性贫血、免疫性溶血性贫血、酗酒性贫血

3. 常用激素指标

（1）睾酮

睾酮是一种雄性激素，有促进蛋白质合成的作用，也可促进肾合成红细胞生成素、刺激骨髓的造血功能，在运动疲劳的恢复中发挥着重要作用，是日常机能监测与评价中十分重要的内分泌指标。血浆中的睾酮90%以上都是和血浆中的蛋白形成可逆结合，在肝脏中代谢分解，并由尿和胆汁排出。睾酮的主要代谢终产物为雄酮。青春期睾酮分泌增加，40岁前均维持在较高水平，随年龄增长缓慢下降。青年男性睾酮分泌有昼夜节律，分泌高峰约在上午8时。循环血中存在一定比例的游离睾酮，约占总睾酮的3%；约40%的睾酮与白蛋白结合。游离睾酮、与白蛋白结合的睾酮很容易被组织利用，故称为有活性的睾酮，其中游离睾酮的生物活性最强；40%的睾酮与血浆中的球蛋白结合，没有生理活性。正常成年男性血浆睾酮参考范围为9.5～35.0 nmol/L（273.6～1 008.0 ng/dL），成年女性参考范围为0.35～3.5 nmol/L（10.08～100.8 ng/dL）；10岁以下发育前期的儿童：男孩一般血浆睾酮含量低于8.8 nmol/L（254.44 ng/dL），女孩低于0.7 nmol/L（20.16 ng/dL）；随着身体的逐渐发育，13～16岁的青少年运动员的血浆睾酮水平逐渐升高至接近成年人水平。

（2）皮质醇

皮质醇主要由肾上腺皮质分泌，是一种促进物质分解代谢的激素。血浆皮质醇有昼夜节律，早晨和夜间差异较大，早8点左右正常成人血浆皮质醇参考范围为165.6～441.6 nmol/L（6～16 μg/dL），午夜0时参考范围为55.2～165.6 nmol/L（2～6 μg/dL）。优秀运动员安静状态下血浆皮质醇水平与普通人没有明显差别，青少年运动员安静状态下比普通人低。运动时，血浆皮质醇升高可促进肝糖原、肌糖原的分解，加强糖异生，保持血糖水平；促进肝外组织蛋白质的分解；促进四肢脂肪组织的动员利用。运动后，安静状态下血浆皮质醇升高过多则会导致机体分解代谢旺盛，不利于疲劳恢复。如血浆皮质醇长期保持在高水平，将会导致肾上腺皮质功能的耗竭，出现过度疲劳；高水平的血浆皮质醇还会抑制免疫机能，运动员易出现感冒、发烧等疾病。赛前阶段血浆皮质醇的轻微升高有助于保持良好的竞技状态。

三、评价运动能力常用生理生化指标

（一）最大摄氧量

运动时，人体摄氧量随着运动强度的增加而增加。最大摄氧量（maximal oxygen uptake，VO_2max）是在心肺功能和全身各器官充分动员的条件下，单位时间内机体吸收和利用氧的最大能力，是心肺系统氧运输能力与骨骼肌、内脏等组织器官氧利用能力的综合反映。VO_2max是衡量机体极限负荷运动时心肺功能水平的一个重要指标，也是评定运动员有氧代谢能力的重要依据。VO_2max受遗传影响较大，遗传度达80%，合理安排训练VO_2max，可使其提高约20%。VO_2max也是青少年运动员选材的重要参考指标。

表 1-7　不同项目运动员相对 VO_2max

项目	年龄/岁	男性相对 VO_2max/[mL/(kg·min)]	女性相对 VO_2max/[mL/(kg·min)]
棒球	18～32	48～56	52～57
篮球	18～30	40～60	43～60
自行车	18～26	62～74	47～57
划艇	22～28	55～67	48～52
足球	20～36	42～60	
体操	18～22	52～58	36～50
冰球	10～30	50～63	
赛马骑师	20～40	50～60	
定向越野	20～60	47～53	46～60
壁球	20～35	55～62	50～60
赛艇	20～35	60～72	58～65
高山滑雪	18～30	57～68	50～55
越野滑雪	20～28	65～94	60～75
跳台滑雪	18～24	58～63	
足球	22～28	54～64	50～60
速滑	18～24	56～73	44～55
游泳	10～25	50～70	40～60
铁饼	22～30	42～55	
中长跑	18～30	60～85	50～75
铅球	22～30	40～46	
排球	18～22		40～56
举重	22～30	38～52	
摔跤	20～30	52～65	

健康未系统训练的成年男性，相对 VO_2max 约为 35～40 mL/(kg·min)；健康未系统训练的成年女性相对 VO_2max 约为 27～31 mL/(kg·min)。2012 年，一名 18 岁的挪威自行车运动员测得相对 VO_2max 高达 97.5 mL/(kg·min)。25 岁之后，随着年龄的增长，VO_2max 每年下降约 1%。不同项目 VO_2max 存在较大差异，越野滑雪、游泳、自行车、中长跑、赛艇等体能占主导的项目运动员，VO_2max 一般较高（表 1-7）。系统训练的 12～16 岁高水平男子赛艇、游泳运动员相对 VO_2max 也达 50.0～65.0 mL/(kg·min)，已接近成年优秀运动员水平。阶段性地测量 VO_2max，有助于教练员了解阶段性训练效果。多级递增负荷测试是 VO_2max 测量的经典方法，根据多级递增负荷运动时每一级负荷强度下对应的心率、血乳酸、摄氧量等参数可更为科学地设置训练中的强度。

（二）无氧阈

无氧阈是指递增强度运动过程中，达到某一强度后，需氧量大于供氧量，细胞仍以有氧代谢为主，但开始动员无氧代谢供能的运动强度临界点，此时乳酸的生成与清除达到动态平衡。若运动强度继续增加，无氧代谢动员增加，血液中乳酸积累开始大幅增加。血乳酸开始急剧增加的拐点称为乳酸无氧阈，肺通气开始急剧增加的拐点称为通气无氧阈。多数运动员乳酸无氧阈在 3～4 mmol/L。无氧阈附近的训练对于有氧能力的改善较为有效。实践中，受测试方法的影响，血乳酸急剧增加拐点的确定存在一定难度，通常以乳酸为 4 mmol/L 对应的强度为无氧阈强度，以乳酸为 2 mmol/L 对应的强度为有氧阈强度。与 VO_2max 比较，无氧阈的测量简单、便捷，对于评价阶段有氧训练能力变化，合理安排训练强度更有指导意义。

（三）无氧功

无氧功又称无氧功率，是指机体在较短时间内，无氧代谢系统供能的极限工作能力。10～15 s 以内的无氧功主要反应了骨骼肌磷酸原系统的供能能力，30～120 s 以内的无氧功主要反应了骨骼肌糖酵解系统的供能能力。Wingate 测试于 1974 年提出，在训练实践中广泛应用，是评价无氧能力的常用方法。测试开始前要求受试者先进行 2～4 min 的准备活动，休息 3～5 min，之后受试者全力以赴完成规定负荷的 30 s 功率自行车运动，评价指标有最大无氧功率、30 s 平均功率和疲劳指数，可分别反映爆发力、速度耐力和无氧抗疲劳能力。50 m 自由泳、100 m 跑、跳远、投掷类项目对磷酸原系统有着较高要求，而400 m 跑、100～400 m 游泳等持续 1～3 min 左右的比赛项目，对糖酵解系统有着较高要求。目前的研究认为，爆发力受遗传因素影响较大，持续 1～3 min 的无氧代谢（如糖酵解）能力可训练性较强。

第二章　赛艇专项训练生理生化监控

第一节　赛艇专项训练生理生化监控概述

赛艇专项训练是一个建立在全面发展基础上的复杂的训练过程，专项训练可分为两种：第一种是与赛艇专项运动相似的练习，如水上技术练习；第二种是发展生物运动能力的练习，这种练习使运动员的肌肉能力在相似于专项运动的练习中得以发展，如赛艇运动员的力量练习。专项训练要根据不同训练阶段确定训练的侧重点，科学、合理地安排一般训练和专项训练在多年训练过程和各训练阶段中的比例。专项训练原则主要体现在：①训练中运用的肌肉要与赛艇比赛中运用的肌肉一致；②肌肉的工作方式、收缩速度和持续时间等都要符合专项性；③训练中能量代谢要接近专项。而这些原则必须依靠生理生化的科学监控才能得以有效体现，赛艇专项训练生理生化监控是确保赛艇专项训练科学实施的根本依据。

赛艇专项训练生理生化监控是赛艇训练监控的一个主要组成部分，它通过利用生理生化的方法和技术，测定专项训练过程中运动员体内的一些生理生化指标，以评价运动员训练时的负荷强度和量、训练方法和手段的合理性与效果，以及机体对运动训练产生的适应信息、恢复效果等，从而帮助教练员了解训练效果，正确评价和调整训练方案。

赛艇专项训练生理生化监控根据科学、实用、便捷的原则，按照监控的时序性主要采用以下测试指标：①实时性监控指标。能全程或随时进行测试的指标，主要是心率和血乳酸；②及时性监控指标。在一次训练结束后及时进行评定的指标，主要是血清肌酸激酶、血尿素和尿蛋白；③定时性监控指标。在大小训练周期定时进行的监控指标，主要是血红蛋白、血清睾酮、皮质醇、无氧阈/乳酸阈。事实上，以上指标是叠加结合应用的，如定时性监控指标也会包含实时性和及时性监控指标，这些指标的综合评定构成了赛艇专项训练生理生化监控指标体系。

在赛艇比赛中，需要运动员在 2 000 m 赛程距离内表现出持续一定“高速度”的耐力，在这个过程中需要有无氧代谢、有氧代谢，也有混合代谢。优秀赛艇运动员应具有良好的生理机能，能承受高负荷、大强度的比赛。在整个比赛中有氧代谢居于主要地位，占总能耗的70%～86%，20%～25%的能量来自无氧供能系统，但这两种供能方式并非绝对独立，有氧氧化系统、糖酵解系统、磷酸原系统都被最大、最充分的调动。赛艇运动员要想取得成功，应该全面地具备耐力、速度、力量等运动要素。因此，赛艇专项训练生理生化监控也是围绕着赛艇专项素质训练、专项训练方法、专项训练负荷和专项运动能力来进行的。

第二节　赛艇专项素质训练生理生化监控

一、赛艇专项耐力训练生理生化监控

发展赛艇专项耐力，即在 5～8 min 内起作用，并且伴有高浓度血乳酸的高强度的有氧能力，也就是最大有氧能力同最大无氧能力（包括耐受缺氧条件下继续工作的能力）的结合，它既包括氧的利用率，又包括氧的输送能力和耐缺氧能力，达到人的生理水平的最大极限，这只有在全年和多年的系统训练中，通过科学训练，在一般耐力不断提高的基础上才能获得。在赛艇专项耐力训练中，依据训练强度可将训练方法分为氧利用 2、氧利用 1、无氧阈、氧运输等。

氧利用 2 训练是以需氧为主的训练。该训练刺激肌肉细胞利用氧气，运动强度小，时间长，主要以脂肪作为能量的主要来源。其训练特点为：桨频为 18～22 桨/分，船速控制在 55%～65%比赛速度，心率在 130～150 bpm，血乳酸水平小于 2.0 mmol/L。

氧利用 1 训练也是以需氧为主的训练。该训练刺激肌肉细胞利用氧气，但运动强度比氧利用 2 更高，主要以脂肪和碳水化合物作为能源物质。其训练特点为：桨频为 20～23 桨/分，船速控制在 65%～75%比赛速度，心率在 150～170 bpm，血乳酸水平在 2.0～4.0 mmol/L。

无氧阈训练的运动强度介于需氧和厌氧之间，是刺激脂肪和碳水化合物的最好混合模式。其训练特点为：桨频为24～26桨/分，船速控制在75%～85%比赛速度，心率在170～180 bpm，血乳酸水平在4.0 mmol/L左右。

氧运输为高强度训练，促进心肺循环系统将大量的含氧血液运送给肌肉细胞，这一训练的限制因素是产生较多的乳酸，应以适当的恢复训练来促进乳酸的清除。其训练特点为：桨频为26～30桨/分，船速控制在85%～95%比赛速度，心率在180～190 bpm，血乳酸水平在4.0～6.0 mmol/L。

赛艇运动员的专项耐力训练主要是对心脏和肌肉的有氧能力训练，对心脏的有氧能力训练主要采用间歇训练的原则，而对肌肉的有氧能力训练主要是采用中等强度的持续训练。如持续训练中的“技术长划”，训练时间为90 min，心率为130～150 bpm，桨频为18～22桨/分,距离为16～20 km。该训练的能量供应为100%有氧代谢或涉及少量无氧代谢，但没有乳酸积累，能增加酶活性、毛细血管及线粒体数目，增强肌肉中氧的利用，提高无氧阈及最大摄氧量利用率。间歇训练中的“交替划”，训练时间为90 min，30桨快速划/10桨放松划×10次×3组，心率为170～190 bpm，桨频为33～36桨/分，距离为12～14 km，组间积极放松划4～5 min。该训练后，乳酸积累较少，为5.0～7.0 mmol/L，心脏功能加强，心率储备增加，心脏排血量提高，氧运输增加，竞技时技术提高，比赛时肌肉收缩速度提高。

在赛艇专项耐力训练过程中，一般采用心率和血乳酸来监控训练负荷，这两个指标能快速、便捷地反映训练强度，多采用佩带心率表和现场采外围血进行实时测试的方法。运动时心率的快慢与运动强度有关，强度越大，心率越快。用心率评价运动强度必须在VO_2max水平之内，因此，心率监控运动时的负荷强度还有一定的局限性。血乳酸浓度能反映乳酸的生成与消除的平衡，运动时血乳酸的变化与训练强度有关，也与训练时动用的能量系统有关，因此经常将二者结合使用。刘锡梅等在赛艇训练中的研究显示血乳酸和心率在一定范围内呈明显的正相关，在代谢水平较低的练习中，心率值也较低，认为在常用的训练手段中，心率、血乳酸浓度和运动负荷的强度大多有较好的对应关系，在训练实践中心率可作为控制赛艇训练强度的参数，在训练中应用心率控制训练简单、可靠。王新欣等通过两周中等强度长时间的专项水上技术训练研究发现，运动员在完成同等功率的运动时，血乳酸和心率均明显下降，乳酸无氧阈功率提高，表明运动员有氧耐力和心血管机能得到改善，运动员的运动能力提高。

乳酸阈训练是发展有氧能力的有效训练手段，4 mmol/L的乳酸阈训练因为简便易行被广泛采用。但后来研究发现，乳酸阈有着很大的个体差异，并进一步衍生出了个体乳酸阈、最大乳酸稳态阈等更为精确的训练监控方法。刘锡梅等认为，4 mmol/L 无氧阈功率训练不能达到乳酸浓度的最大稳态训练，同时对提高运动员的有氧耐力能力的效果欠佳，而用略低的强度训练效果更好，这可能与运动员个体无氧阈有关。宫恩强等研究发现，以个体无氧阈对应心率时强度来发展最大有氧耐力，以高于个体无氧阈对应心率时强度来发展无氧耐力，以阶段性血乳酸测试来进一步修正训练计划，结果各训练阶段都达到了预期训练目的。郜卫峰对不同乳酸阈强度发展不同水平运动员有氧能力的效果进行了观察，发现优秀运动员比普通运动员有着更高的乳酸阈负荷水平和更强的专项适应水平，个体乳酸阈强度训练对发展优秀运动员的有氧能力比最大乳酸稳态阈强度更有效，最大乳酸稳态阈强度训练比个体乳酸阈强度训练更能提高普通运动员的有氧能力。

乳酸阈也是检测赛艇运动员训练效果和预测成绩的指标之一。Steinacker 等研究发现在增加训练量阶段乳酸阈通常是下降的，而在减量恢复期乳酸阈会提高，运动员的成绩也提高了。Vermulst 等的研究也有相似的结果。杜忠林等研究认为，2 个月的有氧训练不能使乳酸无氧阈显著增加，4 个月的有氧训练才能使乳酸无氧阈显著增加。并且发现，在一个大训练周期中，乳酸无氧阈值随着训练内容的改变和比赛安排而发生变化，而且与训练年限和测试方法有关。

二、赛艇专项速度训练生理生化监控

赛艇运动所需要的专项速度是一种肌肉用力高度协调，并以最高频率完成技术动作的能力，速度训练围绕着发展肌肉力量、提高肌肉收缩速度、改善肌肉弹性及肌肉用力的协调性、改进和完善技术而进行的。赛艇的专项速度除了专项耐力决定的途中有氧速度外，主要就是起航和冲刺阶段的无氧速度了，包括磷酸原能力和糖酵解能力，其中糖酵解能力又包括最大乳酸能力和乳酸耐受能力。

磷酸原能力训练以改善肌肉利用和储存 ATP 和 CP 的能力为目的。该训练强度最大，时间最短。其训练特点为：桨频在 40 桨/分以上，船速在 110%～120%比赛速度，心率在 200 bpm左右，血乳酸水平在 2.0～3.0 mmol/L。

最大乳酸训练是以大量产生乳酸为特点的训练。该训练通过刺激肌肉细胞利用葡萄糖通过糖酵解途径快速产生大量能量。其训练特点为：桨频为 34～38 桨/分，船速控制在 100%～110%比赛速度，心率在 195～200 bpm，血乳酸水平在 15.0 mmol/L 以上。

乳酸耐受训练也是以乳酸堆积为主的训练。该训练通过快速上升乳酸水平训练机体对乳酸的耐受性。其训练特点为：桨频为30～34桨/分，船速控制在95%～100%比赛速度，心率在190～195 bpm，血乳酸水平在10.0～12.0 mmol/L。

赛艇专项速度训练应以极限强度为主，次极限强度为辅；每次训练的内容、次数和组数不宜过多，应保证运动员在精力充沛的状态下进行速度训练。如发展无氧能力，提高起航冲刺能力及最大速度，可用6×40桨快划。45 s全力最大桨频+2 min 15 s间歇低桨为1次，9次为1组，共2组的间歇训练（冲酸训练）是国际赛艇运动联合会介绍的一种发展糖酵解供能能力的训练方法。发展实战能力，突出比赛速度感、节奏感、全程体力分配，可用1 500～2 000 m计时划，或6×2 min快划，包括冲刺、间隙慢划等。

发展磷酸原能力和糖酵解能力的训练心率有着共同的特点，即都几乎达到或达到个人最大心率，以心率来评定训练强度，即都是极限或次极限强度。然而在以乳酸来评定时，磷酸原能力和糖酵解能力的训练却完全相反，磷酸原能力的训练以低乳酸为特点，而糖酵解能力的训练却以高乳酸为标志，此时以乳酸为指标来评定训练强度会得到相反的结论，这是乳酸和心率评定训练强度时的特例。因此在赛艇专项速度训练的监控中可用心率来评定训练强度，而用乳酸来评定供能类型。若在进行磷酸原能力的训练时，运动员出现运动后血乳酸超过3 mmol/L，则说明运动员动用了较多的糖酵解系统供能，其发展磷酸原能力的训练效果就可能较差。最大乳酸训练一般以极限强度运动1 min左右，间歇时间是负荷时间的2～4倍；而在乳酸耐受训练中，间歇时间可逐渐延长，以避免乳酸过于升高。封飞虎等研究发现，我国优秀赛艇运动员在2 000 m测功仪模拟比赛后的血乳酸值仅为(12.1±1.0) mmol/L，而欧洲优秀赛艇运动员在2 000 m测功仪模拟比赛的血乳酸浓度达到（15.24±3.30）mmol/L,因此认为运动员糖酵解能力差是造成我国赛艇水平落后的原因之一。丁铁建等发现，我国优秀赛艇运动员冲酸训练的峰值低于国外优秀赛艇运动员，同时对于血乳酸峰值的分析要综合考察运动员的个体差异、身体机能状态等。

三、赛艇专项力量训练生理生化监控

赛艇专项力量训练必须使训练的动作结构和参与工作的肌群、用力方向及完成动作过程所涉及的原动肌、协同肌和对抗肌的工作方式相一致，使专项力量的发展与技术动作的改进、技术巩固结合起来，使专项力量、肌肉工作能力和赛艇专项技术动作结合起来。在赛艇运动员的力量素质中，最大力量是基础，快速力量（速度力量）是核心，而耐力力量是取得优异成绩的保证。依据赛艇运动专项力量发展的训练需要，专项力量训练方法可以分为陆上杠铃负重训练、水上训练和测功仪训练。

最大力量是指运动员以最大意志收缩对抗一种恰恰还能克服的阻力时所发挥的最大力值，发展最大力量一般采用动力性次极限和极限负重练习，即最大力量的85%～100%进行训练。该训练方法为：100%的最大负荷重量，1次，1组；95%的最大负荷重量，2次，3组；90%的最大负荷重量，4次，3组；85%的最大负荷重量，6次，3组。各重量组之间间歇3～4 min。

快速力量是指在最短的时间内（通常在150 s左右）发挥肌肉力量的能力，发展快速力量一般采用30%～60%最大负荷重量，6～12次，8组，动作速度不低于18次/分，间歇30～40 s。

力量耐力是力量和耐力的综合素质，它是在静力性或动力性工作中长时间保持肌肉紧张而不降低工作效果的运动能力。发展有氧力量耐力可采用30%～40%最大负荷重量，30～60次，3～4组，间歇1～2 min，重复总次数900～1 200次；发展无氧力量耐力可采用50%～60%最大负荷重量，15～20次，3～4组，间歇1～2 min，重复总次数500～600次。

血清肌酸激酶活性的变化是评定肌肉承受刺激和了解骨骼肌微细损伤及其适应与恢复的重要的敏感的生化指标。陈伟等比较了不同强度的力量训练对肌肉刺激的程度，在85%强度运动后3～4 h内，血清肌酸激酶一直没有下降到运动前水平，而50%强度力量训练后血清肌酸激酶没有出现明显上升，说明运动强度只有达到一定程度时，才引起酶活性的显著变化。杜忠林的研究表明，力量训练对血清肌酸激酶的影响较大，其中4天大负荷力量训练后，7名女子选手的血清肌酸激酶活性平均值相当于训练前的15.3倍，其中最高者达到3 550 U/L，为训练前的54.6倍，而调整一周后能使血清肌酸激酶恢复正常，也说明其负荷安排的科学性。迟焕祺研究结果显示，大力量训练有利于发展赛艇运动员上、下肢的最大力量，上肢的耐力力量，以及赛艇运动员的速度力量；上肢的最大力量对6 min耐力力量的贡献高于下肢和腰背部最大力量；发展上肢最大力量有利于提高赛艇运动员的速度力量；同时血清肌酸激酶比血尿素对力量训练更为敏感。陈伟等研究发现，50%强度力量练习后血尿素有下降趋势，而85%的力量练习后血尿素出现显著上升，认为强度刺激越大对血尿素升高越大，同时小强度力量训练对血清尿素有一定清除作用。张兴伟通过对赛艇运动员在陆上进行专项力量耐力训练分析发现，40%循环力量训练的血乳酸和水上测验（比赛）的血乳酸值较接近，说明作为陆上专项力量耐力训练的循环力量训练和水上测验（比赛）供能特点非常接近，对提高水上专项运动成绩更为有利。

第三节　赛艇专项训练负荷生理生化监控

表 2-1　专项训练负荷监控选用指标（冯连世，2006）

负荷类型	测试时间安排	测试指标	评价
一次/组动作	训练前、中、后	血乳酸、心率等	根据运动员对一次/组动作或训练课训练负荷的应答反应评价该训练负荷的强度和量度
一堂训练课	训练课前、后或次日晨	血乳酸、心率、肌酸激酶、血尿素、尿十项等	
小周期训练（4～7 天）	训练阶段前、后	血红蛋白、肌酸激酶、血尿素、尿十项、睾酮、皮质醇等	根据运动员对一定周期训练负荷的应答反应评价该时期的强度和量度及运动员的适应度
特定周期训练（30 左右天）	训练阶段前、后	血红蛋白、肌酸激酶、血尿素、尿十项、睾酮、皮质醇等	

专项训练负荷是专项训练的本质所在，训练就是通过施加在运动员身上的负荷而发挥刺激效应，引发运动员机能的应答和适应，在不断重复和提升中得到运动能力的发展。运动负荷包括运动负荷强度和运动负荷量。负荷强度是指在单位时间内或单个（单组）动作中，运动员机体所承受的一定外部负荷量所引起的内部应答反应的程度。负荷量是指在持续、连贯身体活动时，运动员机体在承受一定外部刺激总量时，所表现出的内部负荷的程度。负荷量和负荷强度是运动负荷中相互联系、不可分割的两个方面。常用的专项训练负荷监控指标如表 2-1 所示。

一、赛艇运动员一次/组动作训练负荷监控

运动训练是由一次/组动作重复或不同组合并在不同层次反复进行而形成的。一次/组动作是运动训练的基本构成单位，只有掌握了一次/组动作的负荷本质才能对其形成的运动训练的本质规律加以认识，因此，对一次/组动作训练负荷的监控是整个训练监控的开始和基础，是专项训练监控构建的必由之路。

赛艇是一项长距离的速度耐力项目，正式比赛只有 2 000 m。在一次/组动作中的运动量是很表面和直观的一个数据，根据距离很容易就能获得，而运动强度却需要生理生化的测试才能获得客观、准确的判断。在运动训练现场常用的一次/组动作负荷进行监控的指标主要是心率和血乳酸。

心率作为生理指标在运动实践中常用来反映运动强度和生理负荷量，它也是反映体内代谢情况的一个非常灵敏的生理指标。由于其实用、简单、易测，因此在运动训练中被普遍应用。目前世界各国对运动训练过程中的心率监控极为重视，教练员常利用心率对训练过程进行全程实时监控。赛艇训练中，随着专项运动强度的增加，运动中的心率也增加，在其达到稳定状态之前，与专项运动强度基本呈线性关系。因此，在赛艇训练的实践中，常以心率作为监控运动强度的指标来指导训练。

血乳酸浓度反映乳酸的生成速率与消除速率之间的平衡。激烈运动时肌乳酸迅速增多，肌乳酸与血乳酸之间的浓度平衡大约需要 4～10 min。在训练时经常测定血乳酸可以了解体内乳酸生成和代谢变化的特点，其可作为训练中掌握运动强度的依据或评价运动员无氧代谢和有氧代谢的能力。血乳酸的变化和运动时动用的能量系统有关系，运动时以动用磷酸原系统供能为主时，血乳酸较少，一般不超过 4 mmol/L；以糖酵解系统供能为主时，血乳酸可达 15 mmol/L 以上；以有氧氧化系统供能为主时，血乳酸则在 4 mmol/L 左右。

国际上通用的赛艇负荷强度划分也主要是依据心率和血乳酸这两个指标，但具体分法存在不同。表 2-2 为赛艇训练常用的负荷强度划分。

表 2-2　根据心率和血乳酸划分的赛艇训练强度

强度级别	生理效果	最大心率百分率	心率/bpm	血乳酸/(mmol/L)
Ⅰ	无氧训练	95%～100%	190～200	6.0 以上
Ⅱ	氧运输	90%～95%	180～190	4.0～6.0
Ⅲ	无氧阈	85%～90%	170～180	4.0
Ⅳ	氧利用 1	75%～85%	150～170	2.0～4.0
Ⅴ	氧利用 2	60%～75%	120～150	小于 2.0

注：假定运动员的最大心率为 200 bpm。

刘锡梅等在以往的训练中也对一次/组动作负荷的心率和血乳酸也进行了监测，如表 2-3 所示。

表 2-3　赛艇运动员水上专项训练的强度监控（刘锡梅，2001）

训练内容	血乳酸/(mmol/L)	心率/bpm
低强度长距离训练	1.65±0.48	145.6±18.2
中等强度长距离训练	2.85±0.78	164.0±9.6
5 km 计时训练	5.64±1.76	166.5±13.2
10 km 计时训练	6.23±0.97	163.2±11.4

续表

训练内容	血乳酸/(mmol/L)	心率/bpm
2 000 m 节奏训练	7.35±1.24	178.6±11.2
500 m 节奏训练	9.01±0.86	181.7±12.7
1 500 m 节奏训练	11.35±0.95	182.3±14.5
2 000 m 测验赛	13.57±1.89	

在对运动员进行模拟海拔高度 1 800 m 的 30 min 不间断测功仪训练中，要求公开级运动员每 500 m 成绩为 110 s（轻量级运动员为 120 s）、桨频为 22 桨/分左右，设计强度为 4～6 mmol/L乳酸。

表 2-4 30 min 测功仪训练强度监控

类别	LJ	CYL	WZB	WJF	LX	MJ	LH
10 min 心率/bpm	161	160	155	153	156	157	174
20 min 心率/bpm	168	162	157	159	160	165	187
30 min 心率/bpm	179	170	163	170	173	168	188
30 min 平均速度/(s/500 m)	109.8	113.2	110.8	111.3	116.5	115.0	117.0
30 min 平均桨频/(桨/分)	24	22	21	22	22	20	21
即刻血乳酸/(mmol/L)	3.48	4.23	4.95	5.58	8.04	10.44	4.62

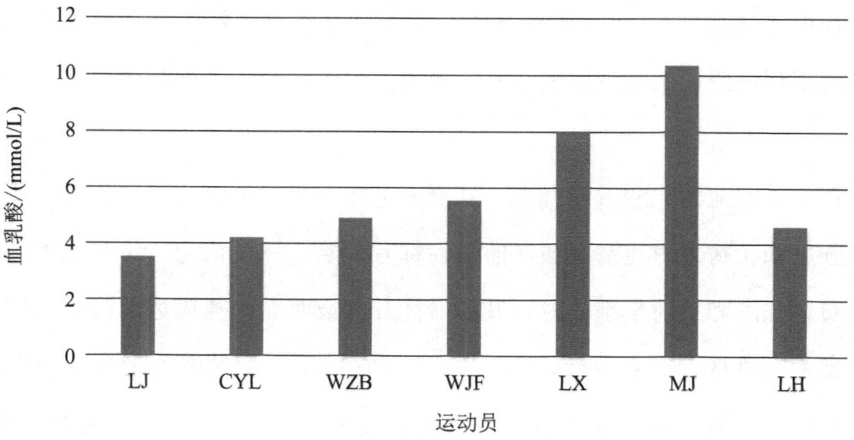

图 2-1 30 min 测功仪训练后即刻血乳酸水平图

由表2-4和图2-1可知，LJ、WZB、WJF为公开级运动员，30 min平均桨频、即刻血乳酸浓度基本达到要求，3人每10分钟心率均呈逐渐增加趋势，变化范围为155～170 bpm；LX、MJ、LH为轻量级运动员，30 min平均速度、30 min平均桨频基本达到要求，但LX、MJ即刻血乳酸水平明显偏高，而LH 3次心率明显偏高，这些结果表明LX、MJ虽然成绩达到要求，但内在训练强度偏大，应适当降低500 m成绩要求。而CYL虽然即刻血乳酸、30 min平均桨频、3次心率均达到要求，但30 min平均速度偏慢，这说明在今后的低氧训练中，他的无氧阈强度应定在113 s/500 m左右较合适。

二、赛艇运动员一堂训练课训练负荷监控

训练课是一个完整的训练单元，是由多次/组基本训练动作所组成，包含热身、训练、放松等一整套完整的过程。一次/组训练负荷产生的疲劳在一堂课内通过合理的安排有可能得到缓解或消除，而若对一堂课负荷产生的疲劳没有正确的认识，则有可能导致疲劳逐天积累，下去诱发过度疲劳，因此，通过对一堂训练课负荷的监控，能够掌握运动员对该堂课训练负荷的应答反应，有助于教练员合理安排训练负荷，确保每天的训练计划顺利进行下去。

一堂训练课的监控内容包括运动员对训练中运动负荷刺激所产生的实时应答反应和训练后的延迟应答反应，即训练中的一次/组训练负荷反应和训练后的恢复状况，特别是训练后的恢复状况更能准确反应一堂课完整的负荷水平。一堂训练课内的一次/组训练负荷的监控与前面的一次/组训练负荷监控方法，主要以心率和血乳酸来进行监控，而课后的监控主要从反映训练强度的血清肌酸激酶、尿蛋白和反映训练量度的血尿素、血红蛋白等来进行。

运动训练可引起血清肌酸激酶升高，其原因可能与肌细胞膜的通透性增大或肌肉损伤有关。运动强度和负荷量对血清肌酸激酶活性都有影响，一般认为，负荷强度的影响大于负荷量，当负荷强度和负荷量都大时，其酶活性升高最明显。赛艇运动员大强度训练时血清肌酸激酶通常会维持较高的活性，在500～1 000 U/L，大强度力量训练期间甚至达到2 000～3 000 U/L，但这种一过性的升高恢复也较快，一般2～3天能恢复到日常水平。一般运动员血清肌酸激酶在200～300 U/L。

许多研究表明，运动员经过激烈比赛或运动训练后，尿中蛋白质明显增加。尿蛋白的

出现不仅与运动有关，而且与运动强度关系更为密切，运动负荷强度越大，尿蛋白阳性率越大，尿蛋白量也明显增高。另外，值得一提的是，同一运动项目，比赛后尿蛋白明显高于平时训练，这可能是比赛的强度刺激比训练时大，对机体的影响更强烈。同时，比赛过程中神经处于高度紧张状态，使内分泌活动加强等。因此，尿蛋白可以作用评定运动负荷强度的生化指标，常以阳性结果来进行定性评价。

血尿素在运动实践中广泛应用，是评定训练负荷量和机能恢复的重要指标。血尿素的变化对运动量敏感，运动量越大，血尿素增加越明显，次日晨起的恢复也较慢。应用血尿素进行评价时，要注意其个体差异，进行纵向比较。另外高蛋白质饮食及控体重期间，安静时的血尿素水平较高，要注意与运动负荷量过大或运动性疲劳的鉴别。优秀运动员在训练日晨起或训练周晨起，血尿素水平在 4～8 mmol/L，表明机体恢复状况良好。研究表明，运动训练使运动员体内蛋白质代谢保持较高的水平，并影响肝、肾的功能，因此，运动员的安静血尿素水平常常处于正常范围的偏高水平。赛艇运动员由于运动量相对较大、课堂训练时间较长，血尿素常处于偏高范围，评价时宜根据个体差异以变化值作为主要参考依据，不必固定某一具体数值。

大量研究发现，运动员在大运动量训练开始时，血红蛋白下降，认为这是由于红细胞被破坏，其中部分血红蛋白可用于合成肌肉蛋白质和新生的红细胞，运动能加速这种再生。因此，加速红细胞破坏是大运动量训练早期的一种反应，经过一个阶段训练后，身体对运动量适应时，血红蛋白又回升，这是机能改善，运动能力提高的表现。研究表明男子赛艇运动员最适宜的血红蛋白数值为 160 g/L，而女子赛艇运动员最适宜的血红蛋白数值为 140 g/L。

（一）高强度的有氧训练课的监控分析

8 km 计时划是培养和评价有氧能力的有效手段，是冬训期间几乎每周都会进行的训练课之一，为了评价运动员对 8 km 计时课训练负荷的反应，进行了训练前后的对比测试。本堂课的基本安排为：①技术练习：3～4 km；②计时：8 km 全力；③技术复位：3～4 km 放松。

表 2-5　8 km 计时课前后运动员生化指标变化

运动员	血清肌酸激酶/(U/L)		血尿素/(mmol/L)		血红蛋白/(g/L)		血乳酸/(mmol/L)			成绩
	清晨	课后	清晨	课后	清晨	课后	清晨	即刻	课后	
A	435	511	6.49	8.11	133	135	1.2	8.2	1.7	32:25
B	253	387	8.11	9.09	142	144	1.7	8.8	2.5	33:01
C	247	409	9.09	8.76	151	149	1.1	7.3	1.4	30:55
D	299	538	9.41	10.06	152	155	1.5	7.7	2.1	31:48
E	185	249	9.09	8.44	137	140	0.9	7.8	1.6	31:58
F	203	343	7.14	7.47	156	155	1.3	7.5	1.9	32:39
G	570	704	6.82	8.11	144	148	1.4	6.6	1.5	30:10
标准差	139	149	1.21	0.83	8.41	7.46	0.3	0.7	0.4	1:00
平均值	313	448	8.02	8.58	145	146	1.3	7.7	1.8	31:50

由表 2-5 可知，运动员清晨（课前）血乳酸均在 2 mmol/L 以下，在正常范围以内，没有前期训练遗留的乳酸堆积问题，恢复良好；血尿素基本处于正常偏高范围，与平时本队运动员基本水平相当；血红蛋白整体水平不高，但也在日常的基本水平；血清肌酸激酶水平处于正常偏高范围。整体来看，目前运动员身体机能正常，能适应前期的训练负荷，没有疲劳的积累。

运动员 8 km 计时全力划后即刻血乳酸平均浓度为 7.7 mmol/L，说明此训练属于高强度的有氧训练，其中乳酸的堆积与最后阶段的冲刺有关，经放松划后运动员血乳酸平均降至 1.8 mmol/L，说明通过积极的放松，训练中产生的乳酸得到有效消除；血清肌酸激酶水平课后显著上升，达到 448 U/L，为清晨的 143%，说明本堂训练课对骨骼肌产生了一定的刺激，与训练后即刻血乳酸水平共同说明了本堂训练课的高强度性质；血尿素和血红蛋白在训练课后基本维持于清晨的水平，说明本堂课总共 16 km 的运动量对运动员来说程度适中，没有因运动量产生疲劳。从最后总结来看，本堂训练课为高强度的有氧训练负荷，训练量适中，运动员能够适应本训练课负荷。

（二）耐力训练课和强度训练课的监控比较

表 2-6 是两堂耐力训练课和强度训练课后尿蛋白的比较结果。其中耐力课程安排为水上 15 min 技术划、35 min 变速划（15 min 桨频 20 桨/分、10 min 桨频 22 桨/分、8 min 桨频 24 桨/分、2 min 桨频 26 桨/分）、40 min 稳定节奏划（桨频 20 桨/分）。强度训练课

为水上 15 min 技术划、4×1 500 m 划（每 500 m 变速，桨频分别为 27-29-31 桨/分、29-31-33 桨/分、31-33-35 桨/分、31-33-35 桨/分）、放松划 20 min。耐力训练课程以低桨频划为主，而强度训练以高桨频划为主，桨频接近比赛时途中划的水平，从训练学指标——桨频的角度来看，强度明显高于耐力训练课程。与之相对应的反映训练强度的生化指标之一——尿蛋白也呈现出明显的区别。由表 2-6 可知，运动员在两堂课之前的晨尿中均未出现尿蛋白，其他也未见异常，说明运动员两次课前的状态基本相似，但强度训练课后多数运动员出现尿蛋白，证实该堂训练对运动员强度刺激较大，而耐力训练课后运动员几乎没有出现尿蛋白，表明两堂课有明显的强度区别。同时 D 运动员在两堂课对尿蛋白的反映均较其他运动员明显，其个体差异性需进一步明确，预防运动性疲劳及其他疾病的产生。

表 2-6　耐力训练课和强度训练课后尿蛋白的比较

运动员	耐力训练课						强度训练课					
	课前			课后			课前			课后		
	尿液 pH 值	尿液比重	尿蛋白	尿液 pH 值	尿液比重	尿蛋白	尿液 pH 值	尿液比重	尿蛋白	尿液 pH 值	尿液比重	尿蛋白
A	5.5	1.02	—	5.0	1.02		5.5	1.02	—	5.0	1.02	—
B	5.0	1.02	—	5.0	1.02		5.0	1.02	—	5.0	1.02	+—
C	5.5	1.02	—	5.0	1.02		5.0	1.02	—	5.0	1.02	+
D	5.0	1.02	—	—5.5	1.02	+—	5.0	1.02	—	5.0	1.02	++
E	5.5	1.02	—	5.5	1.02		5.5	1.02	—	5.5	1.03	+—
F	5.5	1.02	—	5.0	1.02		5.0	1.02	—	5.0	1.02	—
G	5.5	1.02	—	5.5	1.02		5.5	1.02	—	6.5	1.02	+—

三、赛艇运动员周期性训练负荷监控

周期性训练负荷监控是对小周期（4～7 天左右）或特定周期（30 天左右）内训练负荷的监控，具有连续性监控的特定，更有利于对训练负荷的全面掌握，并能根据周期内运动员对负荷的应答反应实时进行相应调控，把握运动训练发展的方向，促进运动员运动能力的顺利发展。

赛艇训练目前多采用 6～8 周的板块训练模式，根据全年的比赛节奏和运动员运动能力形成规律，分别按板块模式进行长期规划，如冬训和夏训又分别划分为体能、技术、专项、赛前等不同的任务期，统筹规划、稳步推进，长期进行可持续的理性发展。在板块周期中又根据具体的训练发展方向分解出一定的小周期，分别针对不同的问题进行专门的训练，确保整个训练计划的顺利进行。

周期性训练本质上也是由一次/组训练负荷、一堂训练课负荷不断累积、组合而成的，但对周期性训练监控更加要注重训练发展过程中的长期负荷效应，注重训练的长期性和延迟性，注重从量变到质变的发展过程，因此，在一次/组训练负荷、一堂训练课负荷监控的基础上，需要增加一些对刺激应答相对较慢或延迟的监控指标，常用的有血清睾酮和皮质醇等。

睾酮是体内主要的雄激素，大量研究证实，睾酮能显著增加运动员肌肉蛋白质合成和提高肌肉的力量，增加肌肉对葡萄糖的吸收和肌糖原合成，并且在一定条件下能增强运动员的运动能力和竞技能力。一般身体机能良好时，血清睾酮水平变化不大，在疲劳、过度训练或机能状态不好时，血清睾酮水平则会下降，说明血清睾酮是评价运动员机能状态的重要指标，用血清睾酮来评估训练负荷，特别是训练量的评价很准确。但由于睾酮对机体靶器官的调节作用需要一个过程，因此其效应往往有一个滞后现象，因此对负荷的评定要有先见性。赛艇运动员血清睾酮与运动能力关系密切，一般情况下基础睾酮值越高，能力越强，越能承受训练负荷。男子赛艇运动员血清睾酮一般在400～900 ng/dL，具有较大的个体差异性。一般当运动员血清睾酮低于训练周期开始时的25%，并持续不回升就应当进行调整。

皮质醇的主要作用是促进物质的分解代谢，维持体内糖代谢的正常进行。在周期训练过程中，血清皮质醇的变化主要与运动量的负荷大小有关。如果训练强度较小或运动员水平较高，则会出现下降或不变。如果持续大负荷训练，血清皮质醇浓度会上升，以调节机体对外界刺激的应答，促进能量代谢的供给，以维持运动负荷的顺利进行，但长时间过度运动，会导致肾上腺皮质激素的耗尽，运动后期血清皮质醇浓度下降。男子赛艇运动员血清皮质醇一般在20 ng/dL左右。

（一）小周期性训练负荷监控实例分析

根据教练员训练计划，需要增加运动员力量训练负荷，改变运动员发力结构，对运动员在新负荷下的适应性进行监控，以血清肌酸激酶的监控为主。

在图2-2的测试中，2021年8月17、21日均进行了相同负荷的力量训练。由于17日前两周未进行力量训练，且新负荷改变了运动员发力结构，运动员对新负荷反映不适应，普遍反映肌肉疼痛，经18日晨查血清肌酸激酶显示，运动员平均血清肌酸激酶达到了

807.67 U/L，为上周的 207%，个别运动员达到 1 192.00 U/L，说明该力量负荷强度过大，对运动员骨骼肌刺激较大。在 18 日上午按原训练计划进行技术长划后，改原计划下午的水上训练为休息。19 日晨复查血清肌酸激酶，则已降至 354.17 U/L，下降了 56%，已经恢复至平时负荷水平时的血清肌酸激酶范围。其后正常训练，21 日重复 17 日的力量训练，运动员未述异常，22 日晨查血清肌酸激酶为 465.57 U/L，仅为 18 日的 58%，较 19 日仅上升 31%，说明运动员经过 4 天的调整，已经能正常适应该力量训练负荷，该负荷对运动员骨骼肌的刺激适宜。

通过小周期的连续性监控，可以及时了解运动员对训练负荷的应答及适应情况，有助于教练员根据运动员实际情况调整训练计划，确保整个训练任务的顺利完成。

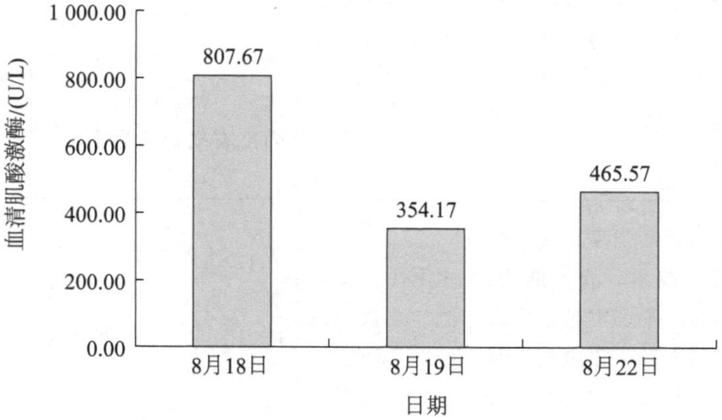

图 2-2　力量训练血清肌酸激酶水平图

（二）特定周期性训练负荷监控实例分析

冬训是以体能训练为主的训练阶段，由于整个周期较长，又可分为不同的特定周期。教练员制定不同周期的科学组合训练是确保运动员在冬训期间提高能力的关键，而训练负荷是否安排合理、运动员是否适应教练员的训练负荷安排，则需要科学的训练监控为这一切提供有力保障。

表 2-7 是冬训第二板块共 8 周的第 4～7 周的训练负荷计划，为最后测试周进行训练准备。教练员在这 4 周的负荷计划中以低强度的有氧训练为主，水上训练中氧利用训练占了 95%，其中低强度的氧利用 2 基本上在 70% 以上，每周两次的力量训练负荷也安排在 70%/40% 水平，因此，本训练负荷主要是发展运动员有氧能力。从运动量来看，第 4～6 周每天平均 20 km 的负荷在赛艇项目来说不是大运动量，第 7 周总共才 94 km，较前三周减少了 40% 以上，充分为最后一周的测试进行准备。

表 2-7 赛艇运动员冬训 4 周训练负荷计划

	目的与任务	训练量	强度	主要专项训练手段
第 4 周	稳定周：保持量与强度基本不变，稳定发展技术、战术水平。进一步坚持低频高功率训练，提高拉桨效果，发展有氧耐力水平；进一步强化力量素质能力，增强专项体能；稳定专项技术、战术能力	水上 174 km；每周 2 次力量训练	氧利用 2 占 77%，氧利用 1 占 18%，无氧阈占 5%；力量训练为 70%/40%强度。以低强度有氧训练为主	专项技术和耐力训练，12～20 km 长划；计时划 4～8 km
第 5 周	提升周：提升训练质量、增强心理素质、稳定战术意识；提升有氧耐力能力；发展一般力量、提高上肢力量水平；巩固心肺系统氧利用能力；提高一桨功率；巩固技术动作	水上 158 km；测功仪 16 km；每周 2 次力量训练	氧利用 2 占 67%，氧利用 1 占 28%，无氧阈占 5%；力量训练为 70%/40%强度。以低强度有氧训练为主	专项技术和耐力训练，12～20 km 长划；计时划 4～8 km
第 6 周	拔高周：拔高运动强度、突破生理极限；巩固技术、战术能力；拔高有氧耐力水平、突破最大有氧能力；巩固上肢力量素质、稳定专项体能；加强一桨功率、提高技、战术的稳定性	水上 152 km；测功仪 16 km；每周 2 次力量训练	氧利用 2 占 71%，氧利用 1 占 24%，无氧阈占 5%；力量训练为 70%/40%强度。以低强度有氧训练为主	专项技术和耐力训练，12～20 km 长划；计时划 4～8 km
第 7 周	调整周：根据个人身体机能状态进行恢复训练、形成最佳竞技状态；增强专项技术感觉、加强战术观；调整训练心理素质、恢复身体机能状态	水上 94 km；每周 2 次力量训练	氧利用 2 占 77%，氧利用 1 占 18%，无氧阈占 5%；力量训练为 70%/40%强度。以低强度有氧训练为主	专项技术和耐力训练，12～20 km 长划；计时划 4～8 km

从表 2-8 运动员对训练负荷的身体机能测试反馈情况来看，运动员血红蛋白水平波动不大，第 4 周达到本周期的最高水平，血尿素也在第 4 周较前三周也有明显下降，说明运动员对训练量的调整反应是积极吻合的，机能呈上升趋势。同样血清睾酮水平在第 4 周也处于较高水平，皮质醇较第 3 周也有所下降，进一步表明了运动员机能状况处于较好的水平。从血清肌酸激酶水平来看，基本上处于 300 U/L 左右，按常理来说，本周期低强度有氧训练负荷的血清肌酸激酶水平应该更低一些，但实际上本周期教练员强调的是低频高功

率训练、加强一桨功率、提高拉桨效果，要求每一桨对肌肉有足够的刺激，同时低桨频也给肌肉以足够的恢复。因此表现出血清肌酸激酶处于正常范围偏高值，肌肉获得一定刺激，但运动员整体机能仍处于较好的状态，能确保训练的质量效果。综合而言，运动员对本周期的训练有反应，但能适应，机能状况良好。本周期的负荷安排适宜，为运动员最后的测试奠定了良好的基础。

表 2-8 赛艇运动员冬训四周负荷监测

周数	血红蛋白/(g/L)	血清肌酸激酶/(U/L)	血尿素/(mmol/L)	血清睾酮/(ng/dL)	皮质醇/(ng/dL)
0	142.57±12.59	304.14±122.88	6.82±1.03	622.86±149.15	13.44±1.79
1	150.57±12.73	364.57±154.12	8.93±0.46	639.00±171.26	14.17±3.07
2	147.00±10.66	291.29±131.68	7.97±0.89	644.86±178.55	13.53±2.20
3	148.86±11.81	332.71±138.61	9.02±1.24	623.43±143.74	16.36±5.08
4	153.43±8.54	297.57±164.79	7.51± 1.32	640.71±143.71	15.86±2.94

四、青少年赛艇运动员训练负荷的监控

青少年运动员处于生长发育的重要时期，神经系统、心血管系统、呼吸系统、肌肉系统等都还处于不稳定的状态。随着经济和科技的不断发展，越来越多的青少年表现出良好的运动天赋，跻身于高水平运动员的行列，训练负荷也在不断提高。青少年身体发育的特殊性更加需要科学的负荷监控，以促进其健康成长和竞技水平的提高。

青少年运动员训练负荷的监控原则上与成年运动员没有差别，也需要从一次/组动作、一堂训练课、小周期训练（4～7 天）和特定周期训练（30 左右天）等层次进行系统监控。

图 2-3 为四人艇上的 2 名青少年运动员（A、B）和 2 名成年运动员（C、D）在冬训和赛前训练阶段的血清肌酸激酶值比较图。由于这 4 名队员划同一条艇备战大赛，因此他们的训练安排基本上是一样的。由于外部负荷一致，而身体机能存在差距，因此在图中可以明显看出 2 名青少年运动员血清肌酸激酶值一直高于 2 名成年运动员，并且 4 人的变化走向也趋一致，更加证明了这种差异是由于机体内在本身原因造成的。由于青少年运动员肌肉系统较成年运动员发育不足，致使适合成年运动员负荷的训练对他们造成了一定的肌肉损伤，这需要在训练后的恢复中特别给予关注，避免损伤的长期积累，应尽快恢复到良好的状态。

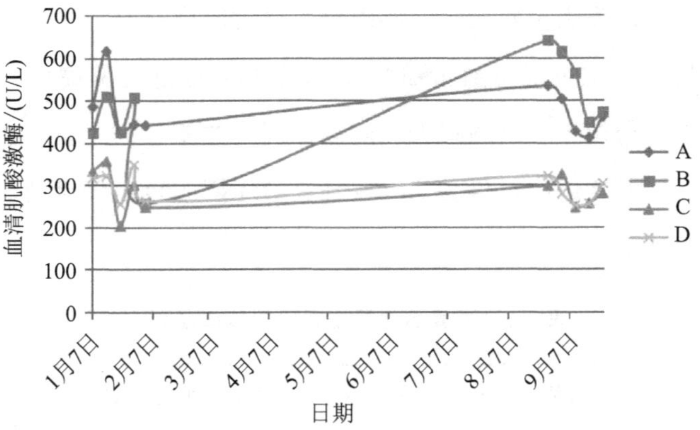

图 2-3　青少年与成年赛艇运动员血清肌酸激酶值比较图

第四节　赛艇专项训练方法生理生化监控

专项训练方法是专项训练的具体表现形式，是训练负荷施加于运动员机体的方法和途径。专项训练方法层出不穷，难以尽述，但究其本质仍是训练强度和训练量的不同比例组合和各种表现方式，而训练负荷也必须经过专项训练方法这个载体的实施才能真正发挥作用，因此专项训练负荷和专项训练方法是相辅相成、互为依托的紧密关系。赛艇专项训练有很多种训练方法、手段的组合，也存在着不同的强度分类方法。根据具体目标，可以因地制宜地形成各种组合变化，而不仅仅是表中所简单列举的这些方法。对赛艇训练而言，真正困难的并非是具体训练手段的匮乏，而是，如何将这些手段有效组合，使训练负荷的安排真正有效促进专项成绩的提高。赛艇专项训练的方法及其生理生化监控方法如表 2-9、表 2-10、表 2-11 所示。

表 2-9　赛艇训练方法分类

分类依据	训练方法分类
依据能量代谢方式的不同	①磷酸原系统供能训练；②糖酵解系统供能训练；③有氧氧化系统供能训练；④磷酸原、糖酵解系统混合供能训练；⑤有氧氧化、糖酵解系统混合供能训练
依据竞技能力的各个因素	①力量训练；②速度训练；③耐力训练；④技术训练；⑤战术训练
依据训练水上、陆上的不同	①水上训练；②陆上训练
依据专项与训练手段关系的不同	①一般训练；②专项训练
依据训练身体部位的不同	①上肢训练；②下肢训练；③腰腹部训练；④胸背部训练

续表

分类依据	训练方法分类
依据训练负荷计量方式的不同	①以重量方式计量的训练；②以距离方式计量的训练；③以次数为计量的训练；④以时间方式计量的训练

表 2-10 常用赛艇专项训练方法分类

训练类型		代表性训练方法
有氧训练	氧利用	水上 30/40 min 稳定节奏划，桨频 16～20 桨/分
	无氧阈	水上 3 000 m×5 节奏划，桨频 24～26 桨/分
	氧运输	6×2 000 m：（1、2）22/1000＋24/500＋26/500，（3、4）24/1000＋26/500＋28/500，（5、6）24/1500＋30/500
无氧训练	乳酸耐受训练	水上 2×20 min 节奏逐加速，5′5′4′3′2′1′，桨频 26-28-30-32-34-36 桨/分
	最大乳酸训练	测功仪 8×500 m ，32 桨/分至最高桨频
	起航训练	水上 4×10 桨最高桨频
专项力量		深蹲、卧拉、卧推 20 次×3，腹背肌、颈后举、卧举、收腿、俯卧撑、单杠 15×3

表 2-11 常用赛艇专项训练生理生化监控方法

训练手段	评价指标	评价方法
氧利用训练	成绩、桨频、血乳酸、心率	血乳酸在 4 mmol/L 以下，心率在最大心率 80%以下，桨频在 22 桨/分以下，长距离划成绩提高，说明氧利用训练手段与方法安排合理；相反，则不合理
无氧阈训练	乳酸-速度曲线	血乳酸在 4 mmol/L 左右，心率在最大心率 80%～90%，桨频在 24～26 桨/分，乳酸-速度曲线左移，说明训练手段安排合理，右移说明训练手段不合理
氧运输训练	成绩、桨频、血乳酸、心率	血乳酸在 4～6 mmol/L，心率在最大心率 90%～95%，桨频在 26～30 桨/分，递增负荷运动能力增强，说明氧运输训练手段与方法安排合理；相反，则不合理
乳酸耐受训练	成绩、桨频、血乳酸、心率	10×500 m 水上或测功仪成绩提高，测试过程中血乳酸值稳定在 10 mmol/L左右，心率达到最大心率 95%～100%，说明训练手段安排合理，反之，则不合理

续表

训练手段	评价指标	评价方法
最大乳酸训练	成绩、桨频、血乳酸、心率	500 m水上或测功仪成绩提高，测试后血乳酸峰值提高，心率达到最大心率，说明训练手段安排合理，反之，则不合理
专项力量训练	成绩、血乳酸	最大力量及力量耐力水平提高，相应血乳酸下降，说明训练手段安排合理，反之，则不合理

一、无氧阈训练监控实例分析

经过对水上5×3 000 m节奏划，桨频为24～26桨/分的训练计划的监控显示，运动员在该训练方法中心率在170～180 bpm，血乳酸在2～4 mmol/L以内，因此，该训练方法属于无氧阈训练。如图2-4和表2-12所示。

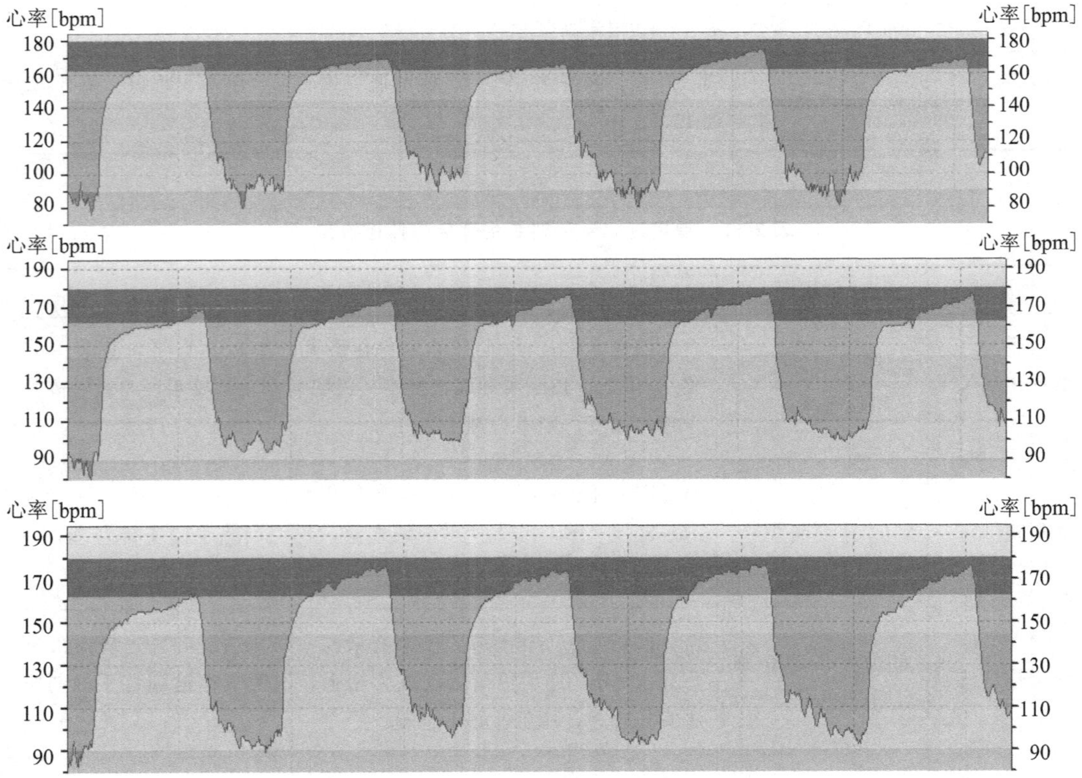

图2-4　运动员5×3 000 m节奏划心率图

表 2-12　运动员 5×3 000 m 节奏划血乳酸结果　　单位：mmol/L

运动员	第一组	第二组	第三组
甲	3.8	3.6	3.8
乙	3.4	3.2	3.5
丙	2.8	3.3	3.6

二、氧运输训练指标实例分析

在赛艇的训练强度级别中，氧运输强度训练是属于高强度训练，其主要是促进心肺循环系统将大量的含氧血液运送给肌肉细胞，这一训练的限制因素是产生较多的乳酸，应以适当的恢复活动来促进乳酸的清除。

教练员欲对运动员进行氧运输训练，设计训练计划为运动员先水上 15 min 技术准备，然后 6×2 000 m：（1、2）22/1 000＋24/500＋26/500、（3、4）24/1 000＋26/500＋28/500、（5、6）24/1 500＋30/500，要求血乳酸在 4～6 mmol/L。测试结果如表 2-13 所示。

表 2-13　6×2 000 m 训练成绩和乳酸水平表

项目	第一组		第三组		第五组	
	血乳酸/(mmol/L)	成绩	血乳酸/(mmol/L)	成绩	血乳酸/(mmol/L)	成绩
M2－	8.3	8:00	13.5	7:36	16.4	7:46
MX1	7.2	8:01	14.3	7:38	9.5	7:43
M4X	4.7	7:11	4.3	6:47	5.2	6:48
M4－	5.2	7:42	5.3	7:07	5.7	7:10

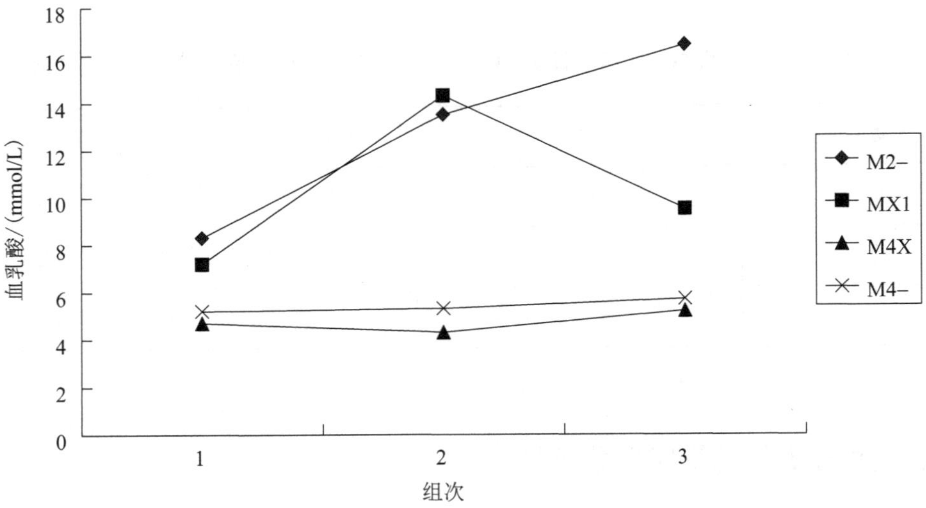

图 2-5 6×2 000 m 训练乳酸水平图

从图 2-5 和表 2-13 可见，M4X 和 M4－很好地完成了训练计划，乳酸控制在 4～6 mmol/L 之间，两艇之间的成绩差异与各自以往的全力以赴成绩差异也在同一范围内，说明 2 km×6：(1、2) 22/1000＋24/500＋26/500、(3、4) 24/1000＋26/500＋28/500、(5、6) 24/1500＋30/500 的训练计划是在氧运输强度范围，M4X 和 M4－按照教练员的要求严格完成了训练计划。

M2－与 MX1 两艇相对 M4X 和 M4－的速度明显过快，导致乳酸超出计划范围两倍以上，失去了有氧训练的目的，而进入了无氧训练的范畴，背离了训练计划的目的。同时，由于乳酸的堆积容易产生疲劳，故训练结束后 M2－与 MX1 增加放松练习以促进乳酸的消除。如果没有进行血乳酸测试以控制训练强度，则教练员会认为 M2－与 MX1 成绩的提高是有氧能力的增强而非训练强度的增加，从而误导教练员的判断。本次训练通过血乳酸水平判断出运动员擅自超强度训练，通过监测掌握了运动员真正的训练实质，同时进一步控制运动员训练后的恢复训练，体现了训练“监”和“控”的完整过程，为引导运动员的科学合理训练提供了参考依据。

三、乳酸耐受训练监控实例分析

测功仪 10×500 m、间歇 1 min 的训练是有效的乳酸训练手段，从表 2-14 的倒数两行可见，运动员第五组训练后血乳酸在 10 mmol/L 以上，其桨频均在 28 桨/分以上，心率在 160 bpm 以上，能达到训练乳酸能力的效果，其中甲队员的乳酸能力高于乙队员。但前两行的血乳酸结果却在 3～6 mmol/L，心率也在 160 bpm 以下，没有达到产生足够乳酸刺激的效果，因此这种低桨频、低心率的训练达不到乳酸训练的效果。乳酸训练宜适当提高桨频和心率，在低桨频强调增加一桨功率的同时应该有心率增加的反应。

表 2-14 运动员测功仪 10×500 m 血乳酸结果

运动员	第一组				第五组				第十组			
	血乳酸/(mmol/L)	心率/bpm	成绩	桨频/(桨/分)	血乳酸/(mmol/L)	心率/bpm	成绩	桨频/(桨/分)	血乳酸/(mmol/L)	心率/bpm	成绩	桨频/(桨/分)
甲	3.7	133	1:33	25	4.7	142	1:33	25	6.1	145	1:32	25
乙	3.4	136	1:35	26	5.3	147	1:34	26	5.6	155	1:34	27
甲	6.8	167	1:29	28	10.1	185	1:28	29	14.1	189	1:27	32
乙	3.4	158	1:31	31	10.6	180	1:31	31	12.8	184	1:33	32

四、青少年赛艇运动员专项训练方法监控

青少年赛艇运动员的专项训练原则是以基础训练为主，大力发展有氧能力，但在训练结构上也还是遵循成年运动员的训练结构，即有氧训练和无氧训练的结合，其中有氧训练的比重更为重要。

青少年运动员处于机能发展阶段，对训练的适应程度不一，因此在训练中的表现也差异较大，宜特别关注他们的个体差异性，合理安排训练。

图 2-6 是 4 名青少年运动员在 6×2 000 m 控频稳定节奏划中的心率图。从图 2-6 可以看出，A 运动员在 6 次划艇中心率变化较大，相对其他运动员而言其未能很好地控制自己的训练节奏，对自己的训练感觉较差，不能把握整个训练计划的合理体能分配，训练强度控制不好。B、C、D 运动员相对在整个训练中节奏控制较好，心率在各次划艇中基本保持稳定的逐步上升，对训练的感觉较好。但是 D 队员的相对恢复能力较弱，其他队员在间歇期心率基本都能恢复到 100 bpm 左右，而 D 队员却基本在 120 bpm 左右。因此，从该训练计划来看，B 和 C 运动员能较好地理解和控制该控频节奏划的训练，而 A 和 D 运动员由于理解和机能的原因未能达到该计划的目的，需要调整相应的训练计划。

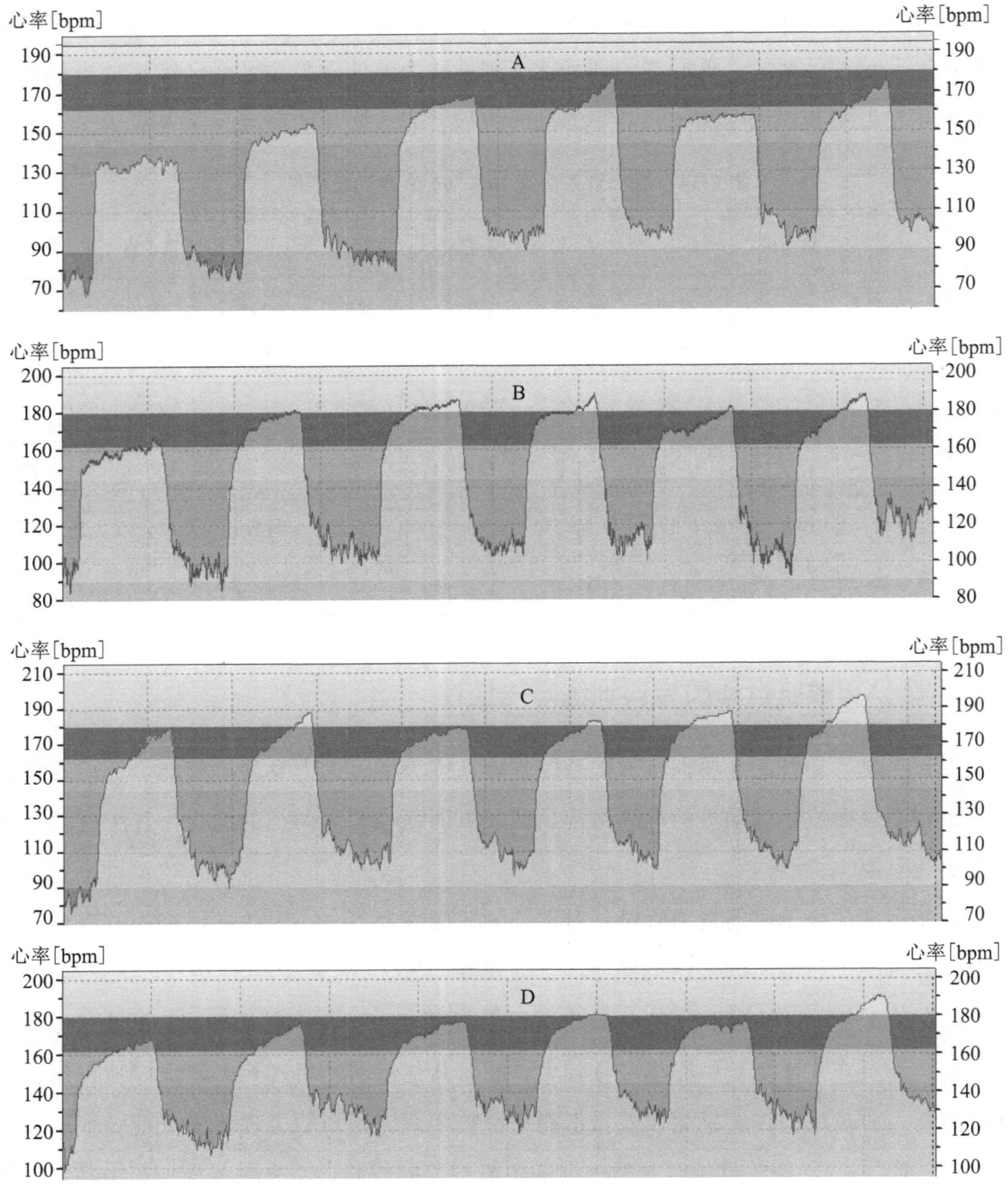

图 2-6　4 名运动员 6×2 000 m 节奏划中的心率图

第五节　赛艇专项运动能力生理生化监控

专项运动能力是运动训练的根本目标所在，训练就是为了提高运动员的专项运动能力，只有专项运动能力提高了，才有可能在竞技比赛中取得优异成绩，专项训练负荷和专项训练方法也都是为了提高运动员专项运动能力而存在的，专项训练负荷和专项训练方法是否合适该专项也必须通过该专项运动能力的改善来进行效果验证，因此专项运动能力的监控是对整个运动训练系统进行最终评价的平台，是专项训练负荷监控和专项训练方法监控最终效果的归宿。

表 2-15　赛艇专项运动能力监控选用指标

能力分类	代表性专项能力测试项目	测试指标	评价
专项有氧运动能力	水上 8 000 m	成绩、血乳酸、心率	根据测试结果评价运动员专项能力的变化及训练效果的程度，检验训练计划的目的性、落实性及效益性
专项无氧运动能力	乳酸能力：500 m 测功仪	成绩、桨频、血乳酸、心率	
专项比赛能力	水上 2 000 m	成绩、血乳酸、心率	
专项力量	磷酸原能力：最大力量测试，卧拉、负蹲、背肌、卧推	成绩	

一、水上专项有氧运动能力监控实例分析

赛艇是长距离耐力项目，运动员的有氧能力是决定其成绩的根本所在，因此赛艇训练一直注重专项有氧能力的发展。赛艇水上 8 000 m 训练是良好的专项耐力训练方式，也是评价专项有氧耐力的有效手段。

表 2-16　水上 8 000 m 测试结果

时间	运动员	桨频/(桨/分)	2 000 m 成绩	4 000 m 成绩	桨频/(桨/分)	6 000 m 成绩	8 000 m 成绩	血乳酸/(mmol/L)
1 月 14	甲	31	7:17	15:14	32	23:05	31:09	6.3
10:00	乙	30	7:38	15:58	30	24:11	32:51	6.6
平风	丙	27	7:39	16:03	27	24:10	32:44	6.4
3 月 18	甲	33	7:15	14:57	34	22:53	30:38	5.2
9:30	乙	29	7:46	16:03	27	24:43	33:03	7.2
平风	丙	27	7:36	15:37	26	23:56	32:04	6.1

从表 2-16 中可以看到，甲、丙两名运动员经过两个月的冬训，水上 8 000 m 测试成绩

有所提高，同时血乳酸水平也有所下降，说明其专项有氧能力得到了提高，对冬训的适应性较好，冬训效果良好。而乙队员成绩下降、血乳酸增高，说明第二次测试时状态不佳，专项有氧能力发展欠妥，需进一步明确其低迷状态的原因，为进一步的发展指明方向。

二、水上专项比赛能力监控实例分析

水上 2 000 m 是赛艇正式比赛唯一的距离，水上 2 000 m 的测试是最直接、最有效评价赛艇运动员专项运动能力的方法，其他任何方法都是间接的评价方法，这也是水上 2 000 m 测试效果所无法被代替之处。

表 2-17　水上 2 000 m 测试结果

	8 月 14 日 2 000 m 全力成绩统计			9 月 17 日 2 000 m 全力成绩统计		
	下午：5:30 晴；侧顶风：3～4 级			下午：4:45 阴；侧顶风：3～4 级		
艇别	1 000 m 成绩	2 000 m 成绩	血乳酸/(mmol/L)	1 000 m 成绩	2 000 m 成绩	血乳酸/(mmol/L)
M1×	03:37.1	07:17.1	17.5	03:33.5	07:03.5	16.2
M2－(1)	03:33.1	07:05.1	14.7	03:31.4	06:55.3	16.4
M2－(2)			15.8			16.7

在赛前的最后备战阶段进行的水上 2 000 m 测试是对近几年以来艰苦备战的最有意义的监控和考核之一，运动员的专项运动能力将直接影响到即将到来的大赛，因此进行水上 2 000 m 测试即是对运动员运动专项能力的考验，也是对教练员多年来训练方案和指导思想的考查，也是为最后备战冲刺进行调整的现实依据。表 2-17 中 2 次测试环境相似，基本可以排除水上测试易受外界干扰的不利因素，使 2 次测试具有良好的可比性。从结果可以看出，两条艇的成绩均有提高，说明这段时间的专项训练有效地提高了运动员的专项运动能力和专项运动成绩，专项训练负荷和专项训练方法的实施取得了良好的效果，专项训练负荷监控和专项训练方法监控都取得了最终的良好回应。再看运动员的血乳酸水平，M1×运动员从 17.5 mmol/L 降到了 16.2 mmol/L，说明其成绩的提高更多的是依靠有氧能力的改善来获得的，而这正是近阶段对该运动员强调有氧能力训练的结果，测试结果充分证明了训练计划安排的合理性和科学性，针对运动员个体特征制定的针对性训练方案取得了成功。同样 M2－两名队员在成绩提高的同时血乳酸水平也提高了，说明他们成绩的提高与乳酸供能增加有关，而这也正是进行对他们进行专项强度训练的有效结果。通过对 2 次专项运动能力的监控，进一步明确和坚定了教练员赛前合理的专项训练指导思想和方

案，有利于运动员专项运动能力的顺利发展。

三、青少年赛艇运动员专项运动能力监控

图 2-7 为 4 名青少年赛艇运动员在赛前进行冲酸训练的心率情况。训练方法为水上 2 组 6×250 m 全力冲刺，每次冲刺间歇 5 min，组间间歇 12 min。分别于第 3、6、9、12 次冲刺后即刻取耳血测乳酸水平，结果如表 2-18 所示。

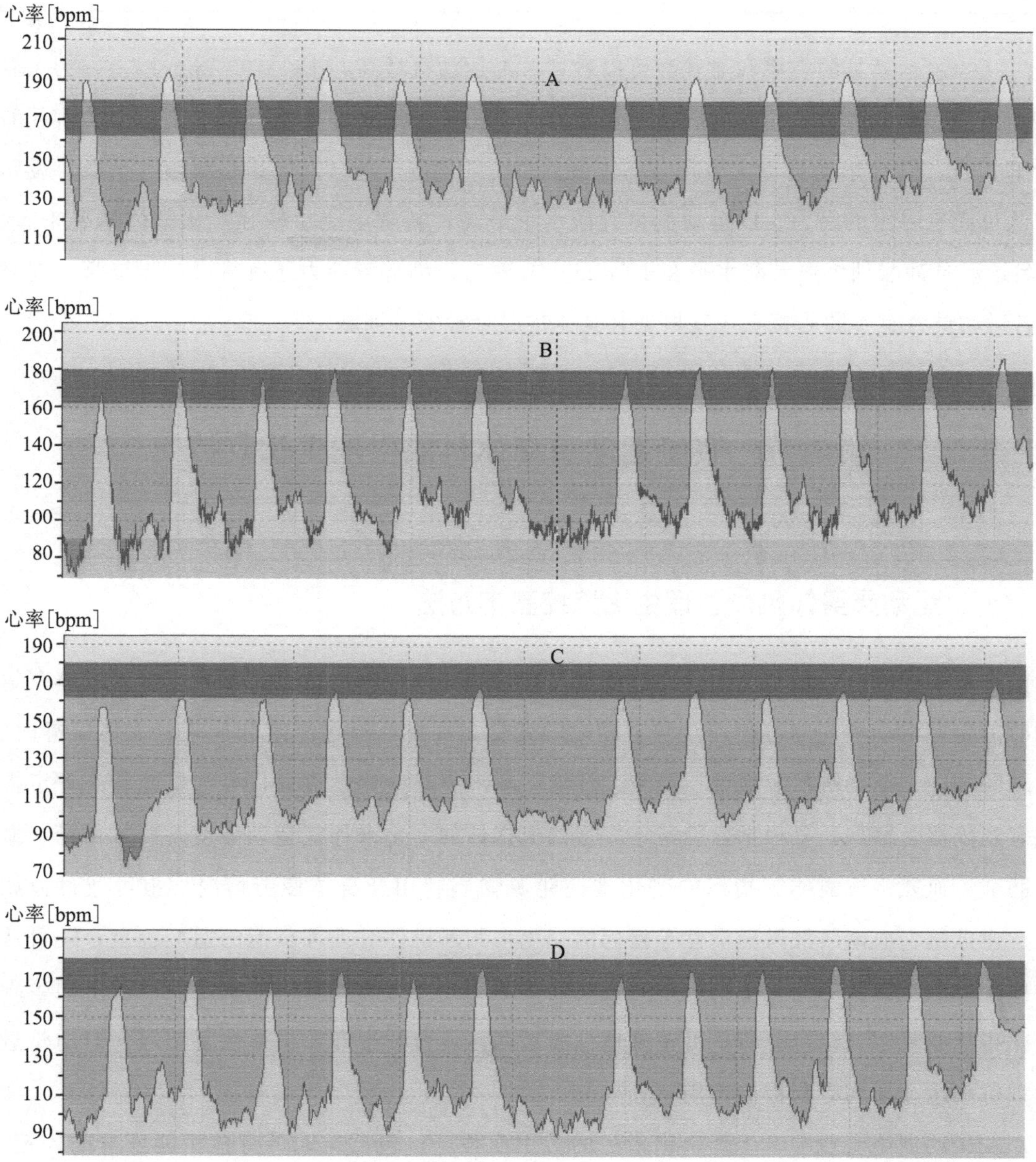

图 2-7　4 名青年赛艇运动员赛前冲酸训练的心率情况

表 2-18　2 组 6×250 m 全力冲刺血乳酸测试结果　单位：mmol/L

运动员	第 3 次	第 6 次	第 9 次	第 12 次
A	6.4	8.7	7.6	9.4
B	7.9	9.2	8.5	10.2
C	7.2	8.6	9.4	10.3
D	8.5	10.3	9.8	11.7

从 4 名运动员的心率和血乳酸可以看见，A 运动员最高心率在 190 bpm 以上，为 4 名运动员中心率最高者，而血乳酸水平却最低，说明其冲酸能力最低。B 和 C 运动员血乳酸水平相当，但 C 运动员每次最高心率较 B 队员低 10 bpm 左右，且其心率较为平稳，说明该队员尚有一定的潜力。D 运动员血乳酸水平最高，糖酵解能力较强。从整体情况来看，4 名运动员冲酸训练血乳酸水平在 10 mmol/L 左右，糖酵解能力还有待进一步提高，同时 4 名运动员各有不同的特点，宜根据其具体情况合理安排训练。

第六节　赛艇运动员身体机能生理生化监控

一、运动员身体机能生理生化监控基本方法

在运动训练中，运动员的身体机能状况对科学安排训练负荷至关重要。由于机体在运动时的生理活动和代谢过程均会发生相应的变化，因此，通过测定和比较，人体安静时、运动时和恢复期各脏器及血液、尿液、汗液、唾液中某些化学成分，可为机能状态评定提供客观依据。譬如，可根据血乳酸、尿蛋白等指标的变化来评定运动强度，可从血糖、血脂肪酸、血氨、尿酮体等指标的变化掌握能源物质利用及身体疲劳情况，也可通过血尿素、血睾酮、血清肌酸激酶活性等指标的变化来判断机体对训练负荷的适应程度，还可从某些酶或激素含量的变化了解运动时机体的代谢调控能力及评判机能状况。通过多项生理生化指标的测定与综合分析，可正确地诊断运动性疲劳的程度及机体恢复情况，对防治过度训练和运动损伤有积极的作用。

在运动训练实践中，生理生化指标的应用面很广，包括运动员身体机能恢复的评定、运动员赛前身体机能的综合评定、高原训练中的生理生化监测及运动性疲劳和过度疲劳的

综合评定等（表 2-19 至表 2-22）。

在进行综合评定时，应根据评定的目的、项目特点、运动员训练水平、测试条件等选择和确定指标。通过多项生理生化指标的测试与综合分析，能够较为客观地诊断运动员承受训练负荷的状态，对科学安排训练、预防过度疲劳和运动损伤的发生，具有重要的作用。

表 2-19　运动员赛前身体机能的综合评定（王清，2004）

生化指标	最佳身体状态评定
血红蛋白	赛前血红蛋白处于本人最高水平上
血尿素	晨安静时血尿素保持在正常范围的上限（5～7 mmol/L）
血睾酮/皮质醇	血睾酮值高，且血睾酮/皮质醇比值保持在正常参考范围或自身的高水平上
血清肌酸激酶	晨安静时血清肌酸激酶活性降至 300 U/L 以下
尿常规指标	晨安静时，各指标均在正常参考范围内
IgG、IgM、IgA	各指标均在正常参考范围内

表 2-20　运动员身体机能恢复的综合评定（王清，2004）

生理生化指标	身体机能恢复的评定
心率	晨安静时心率恢复到平时的正常参考范围
血乳酸	运动后血乳酸消除快，恢复时间短，表示有氧代谢能力强
血尿素	运动次日晨或训练周晨，血尿素达 4～7 mmol/L 以下为机能恢复
尿蛋白	运动后 4 h 或次日晨尿蛋白消失是身体机能恢复的表现
尿胆原	运动次日晨（尿胆原）值大于安静正常范围是机能未恢复的表现

表 2-21　过度疲劳时生理生化指标的综合评价（王清，2004）

生理生化指标	评定方法
心率	晨脉明显加快
血红蛋白	处于较低水平或下降趋势
红细胞	处于较低水平或下降趋势
血乳酸	安静时血乳酸超过范围，运动时的最大血乳酸值下降
血尿素	晨安静时血尿素在 8.0 mmol/L 以上为疲劳，持续几日超过 8.0 mmol/L 或持续升高为过度疲劳
血睾酮/皮质醇	下降 25%为疲劳，下降 30%或持续下降为过度疲劳
血清肌酸激酶	晨安静时持续高于 300 U/L 或完成定量负荷时的血清肌酸激酶值明显升高

续表

生理生化指标	评定方法
尿蛋白	运动后，尿蛋白比原来负荷后的值突增 3～4 倍，晨安静时，尿蛋白连续几日处于较高水平或持续升高
尿胆原	晨安静时，100 毫克尿液中含 4～6 mg 尿胆原为疲劳，连续几日超过 4～6 mg 为过度疲劳
尿潜血	完成定量负荷后，尿潜血出现阳性或连续几日在晨安静时为阳性
IgG、IgM、IgA	各指标均明显下降
两点辨别阈	比值大于 1.5 而小于 2.0 为轻度疲劳，大于 2.0 为重度疲劳
闪光融合频率	8.0 Hz 以上
主观体力感觉等级	18 级以上

表 2-22　高原训练中的生理生化指标的检测与评价（王清，2004）

生化指标	评定方法
心率	高原训练的中后期，晨脉恢复到平原值或低于平原值，是机体适应的表现
血红蛋白	高原训练中后期，血红蛋白下降是训练负荷过大的反映
红细胞	高原训练中后期，红细胞数下降是训练强度过大的反映
血乳酸	血乳酸是进行定量负荷或训练方法的评价
血尿素	晨安静时，血尿素应控制在正常范围的上限（5～7 mmol/L）
血睾酮	高原训练期间，应控制血睾酮值不低于正常参考范围的下限
血清肌酸激酶	晨安静时，血清肌酸激酶活性应低于 300 U/L
尿蛋白	晨安静时，连续 3 天或以上尿蛋白超过正常范围时，是疲劳的表现，应调整训练量
尿胆原	晨安静时，连续 3 天或以上尿胆原超过正常范围时，是疲劳的表现，应调整训练量
尿潜血	尿潜血出现阳性时，是负荷强度过大的表现

二、赛艇运动员冬训期间身体机能生理生化监控实例分析

刘娅对湖北省备战第十二届全运会的男子公开级赛艇运动员冬训前 5 周的机能测试结果研究显示，前 5 周冬训期间各周血红蛋白和血尿素无显著性差异，保持在正常范围。第 2 周血清肌酸激酶较第 1 周显著上升，随后呈稳定下降趋势，这说明第 1 周的训练强度较冬训前明显提升，可能运动员对冬训开始的训练强度还不适应，通过 2 周适应后，机能状态基本保持稳定的适应状态。从 5 周的测试结果来看，运动员在冬训初期对训练强度有一个适应过程，整体机能状况维持较好。如表 2-23 所示。

表 2-23 赛艇运动员 5 周冬训身体机能指标测试结果（刘娅，2014）

周次	第 1 周	第 2 周	第 3 周	第 4 周	第 5 周
血红蛋白/(g/L)	150.1±23.0	147.9±13.9	147.9±11.0	141.9±5.4	144.3±12.6
血尿素/(mmol/L)	5.9±0.63	5.9±0.89	6.8±1.4	5.3±0.76	6.3±0.96
血清肌酸激酶/(U/L)	196.6±65.6	275.4±139.2#	250.5±84.5	257.3±60.8	247.6±107.0

注：同一列内，用 * 表示与第一周具有显著性差异，$p<0.05$；用 # 表示较前一周具有非常显著性差异，$p<0.05$。

冬训周期较长，期间各种板块划分突出各种能力训练的重点，其中大负荷训练往往也是冬训中的一个重要内容。

表 2-24 赛艇运动员冬训期间大负荷训练前后机能测试结果

周次	第 1 周	第 2 周	第 3 周	第 4 周
血清肌酸激酶/(U/L)	335.4±82.7	321.7±79.4	364.1±776.8	403.6±115.7
血尿素/(mmol/L)	6.4±3.8	6.7±2.5	7.2±2.6	8.1±3.4
血红蛋白/(g/L)	157.5±10.6	153.8±11.5	151.3±11.3	149.6±12.4
睾酮/(nmol/L)	20.4±3.8			19.3±4.6
皮质醇/(nmol/L)	437.4±74.3			482.7±83.5

表 2-24 为某赛艇队冬训期间大负荷训练前后机能测试结果，运动员整体血清肌酸激酶均在300 U/L 以上，说明训练强度对肌肉的刺激较大，特别是第 4 周上升到 400 U/L 多，整个四周保持较高强度。血尿素在前三周均在 7 mmol/L 以上，第 4 周达到 8 mmol/L 以上，说明负荷量上升趋势与强度一致。4 周整体训练负荷上升，导致血红蛋白和睾酮在 4 周呈下降趋势，而皮质醇呈上升趋势，提示四周的大负荷训练导致身体机能指标有下降趋势，需要适时调整训练负荷，促进机能的积极恢复，避免疲劳积累，以更好的状态进入下一步训练计划。

三、赛艇运动员夏训期间身体机能生理生化监控实例分析

刘娅对湖北省备战第十二届全运会的男子公开级赛艇运动员夏训前 6 周的机能测试结果研究显示，血红蛋白在前 3 周处于上升阶段，血清肌酸激酶呈下降趋势，第 4 周到第 5 周血红蛋白保持稳定，随后开始逐渐下降，血尿素基本在正常范围的，说明前 4 周的训练比较系统有效，运动员机体对运动强度产生了较好的适应。从第 4 周开始主要以加强运动

员有氧耐力为主，这个阶段训练强度逐渐加大，运动员机体的疲劳有一定的积累，导致血红蛋白逐渐下降，血清有所上升，运动员身体机能随着训练负荷的改变而变化。如表 2-25 所示。

表 2-25　赛艇队员夏训期间 6 周身体机能指标测试结果（刘娅，2014）

周次	第 1 周	第 2 周	第 3 周	第 4 周	第 5 周	第 6 周
血红蛋白/(g/L)	149.2±6.8	158.0±6.9	161.0±9.2*	161.0±12.5*	158.9±10.6	157.6±11.2
血尿素/(nmol/L)	6.1±1.1	5.3±1.2	5.5±0.29	5.1±0.75	5.0±1.1	5.6±0.45
血清肌酸激酶/(U/L)	230.8±90.6	211.6±77.7	149.6±48.7*	202.7±62.0	192.8±65.8	232.6±104.3

注：同一列内，用 * 表示与第一周具有显著性差异，$p<0.05$；用 # 表示相比前一周具有显著性差异，$p<0.05$。

表 2-26 为某赛艇队夏训期间 4 周调整训练前后机能测试结果，运动员整体血清 CK、血尿素均在正常范围，血红蛋白稳定在 150 g/L 左右，睾酮和皮质醇分别呈上升和下降趋势，说明运动员整体对这 4 周的调整训练比较适应，机能状况较好。当然，其中也要注意运动员的个体差异，对每个运动员的个体机能情况进行把握，确保所有运动员顺利发展。

表 2-26　赛艇运动员夏训期间调整训练前后机能测试结果

周次	第 1 周	第 2 周	第 3 周	第 4 周
血清肌酸激酶/(U/L)	226.9±65.7	273.4±84.8	281.8±76.9	262.3±76.5
血尿素/(mmol/L)	5.1±2.4	5.2±2.8	5.9±3.7	5.7±2.5
血红蛋白/(g/L)	148.4±11.5	151.6±10.9	150.5±11.1	149.2±12.6
睾酮（nmol/L）	22.3±3.8			23.7±4.5
皮质醇（nmol/L）	380.7±79.4			365.4±89.6

四、赛艇运动员赛前训练身体机能生理生化监控实例分析

表 2-27　赛艇运动员赛前 4 周训练机能测试结果（李佳莉，2017）

周次	对照周	第 1 周	第 2 周	第 3 周	第 4 周
血红蛋白/(g/L)	148.3±3.2	159.6±4.9*	155.6±2.5	160.1±3.8	172.5±4.1*
血尿素/(mmol/L)	4.62±1.99	6.69±0.98*	6.87±1.42	7.24±0.75	5.16±1.01
血清肌酸激酶/(U/L)	77.45±10.23	98.37±15.46	108.31±17.61	101.66±18.62	94.51±9.83

注：* 表示与对照周相比具有显著性差异，$p<0.05$。

李佳莉等对参加2016年全国春季冠军赛女子公开级辽宁赛艇队运动员赛前4周身体机能的相关指标进行了跟踪测试，该赛前训练主要任务是将冬训累积的能力向专项转化，突出技术训练，训练负荷加大以训练强度为主，强调专项训练。测试结果显示：进入赛前训练第1周，运动员血红蛋白含量较冬训阶段的对照周数据有所提高，且差异显著（$p<0.05$），说明经过前1阶段的冬训，身体机能取得了理想的效果，运动员的有氧能力有了显著改善，通过赛前训练的合理安排，运动员的有氧能力得到了充分的调动；赛前训练第2周与第1周相比，血红蛋白稍有下降，经过1周的适应，到赛前训练第3周又有所回升；经过第2阶段训练量的积累，运动员的有氧能力得到充分的恢复；赛前训练第4周的训练量减少而训练强度提高，运动员的血红蛋白值明显上升，说明减少训练量使运动员的身体得到休息，而适当的训练强度刺激提高了运动员机体血红蛋白的合成功能，促使血红蛋白值进一步提高。赛前训练阶段，运动员血尿素水平普遍高于冬训阶段的对照周；由于赛前训练运动员机体所承受的训练负荷明显高于冬训阶段，说明训练负荷对运动员的机体产生一定刺激，但是血尿素水平始终维持在8.0 mmol/L以下，运动员没有表现出过度疲劳；赛前训练第2周，训练量较第1周有所增加，但是运动员血尿素水平维持不变，说明经过第1周的引入性赛前训练到了第2周，身体对训练量的增加有了充分的准备，运动员的训练水平有所提高，能够很快适应；赛前训练第4周，血尿素整体水平下降，接近冬训阶段对照周，说明运动员的身体机能有所恢复，第4周降低负荷量的训练计划起到了有效的调整作用。赛前训练阶段运动员血清肌酸激酶明显高于对照周，运动员的机体表现与赛前训练阶段的训练负荷安排相一致；赛前训练第2周训练量增加而训练强度有所降低，但血清肌酸激酶出现峰值，说明赛前训练第1周较之前相比，训练强度增加，对运动员机体的刺激效应有所积累；赛前训练第3周，训练强度较第2周有所恢复，血清肌酸激酶下降；赛前训练第4周，训练强度出现峰值，而血清肌酸激酶继续下降；可以看出，从赛前训练第3周开始，运动员的机体对训练负荷强度有所适应，训练水平不断提高，训练状态向好的方向发展。如表2-27所示。

王玉新等以8名上海赛艇队男子公开级单桨选手为研究对象，在2013年全运会预赛前4周每周取一次样，分别用P2、P3、P4、P5表示，其中P1为基础值。

血红蛋白在预赛前第4周和第3周呈明显的下降趋势，与P1相比，均下降了8%，其变化有极显著性差异（$p<0.01$）；在预赛前第2周下降了11%，其变化有显著性差异（$p<0.05$）；在预赛前1周下降了3%，其变化无显著性差异。在预赛不同的训练周血红蛋白出现不同幅度的变化，原因可能是P1作为全运会预赛前的基础值，运动员身体机能

状态良好，随着训练负荷的逐渐增加，运动员需要一个对训练的逐步适应过程，血红蛋白才会有不同幅度的下降，尤其是在预赛前第 2 周，下降幅度略高，可能与这周运动强度的增加有关，运动员对强度的增加不太适应。在全运会预赛前 1 周几乎与基础值持平，说明在赛前 1 周运动员身体机能状态较好。如表 2-28 所示。

表 2-28　全运会预赛前 4 周赛艇运动员身体机能测试结果（王玉新，2014）

预赛前 4 周	血红蛋白/(g/L)	血尿素/(mmol/L)	血清肌酸激酶/(U/L)	睾酮/(ng/dL)	皮质醇/(μg/dL)	睾酮/皮质醇/(n/u)
P1	155±4.73	5.24 ± 1.44	259 ± 122.75			
P2	143±5.21**	5.15±0.79	207±102.27	578.69±57.16	16.81 ± 2.03	34.8±4.84
P3	143±5.68**	5.18±0.92	218+135.04	492.51+93.62△	16.50±1.55	30.41+7.83
P4	140±5.32*	6.16±0.89	207±101.39	534.78±73.65	17.82±1.82	30.21±4.76
P5	150±9.68	5.2±0.92	214+95.56	487.01±71.49△	16.58±1.23	29.43±4.10

注：同一行内，用 * 表示与 P1 具有显著差异，$p<0.05$；用 ** 表示与 P1 具有极显著差异，$p<0.01$；用 △ 表示与 P2 具有显著差异，$p<0.05$。

各周血尿素与 P1 相比：在预赛前第 4 周和第 3 周有小幅的下降，下降幅度分别为 2% 和 1%；在预赛前第 2 周有较大幅度的升高，升高幅度为 15%；在预赛前第 1 周有稍下降的趋势，下降幅度为 1%。在预赛前不同训练周血尿素变化不同，出现的原因可能随着训练负荷的变化，血尿素也出现不同幅度的变化。在预赛前第 4 周和第 3 周，血尿素变化幅度不大，原因可能是这两周训练内容以有氧训练为主，运动员对训练量基本上较为适应，恢复较好；在第 3 周血尿毒有较大幅度的升高，可能与第 3 周强度的增加，机体适应较慢有关，而在赛前 1 周血尿素几乎与基础值持平，说明在赛前运动员恢复较好，身体机能状态良好。

各周血清肌酸激酶与 P1 相比：在预赛前第 4 周有较大幅度的下降，下降幅度为 25%；在预赛前第 3 周下降幅度为 19%；在预赛前第 2 周下降幅度为 25%，在预赛前 1 周下降幅度为 21%。在预赛前不同的训练周血清肌酸激酶变化不同，均表现出不同幅度的下降，总的变化趋势一致。出现的原因可能与在 P1 基础值前的一次大力量课有关，其对队员的肌肉刺激较深，恢复较慢，经过几周的训练，队员对训练的负荷基本适应，尤其是在赛前 1 周测试中，队员身体机能状态良好，无疲劳积累。

睾酮在预赛前第 3 周和第 1 周有不同幅度的下降，下降的幅度分别为 18% 和 19%，其变化有显著性差异（$p<0.05$）。原因是睾酮在预赛前第 4 周为基础值，而在之前的 1 周

中训练负荷较小，队员身体处于一个很好的状态。在预赛前第 2 周也有下降，下降幅度为 8%，运动员有疲劳和机能状态不佳。从以上的变化情况来看，睾酮的变化受训练量的影响较大。

皮质醇在预赛前整个 4 周的训练中，变化幅度较小。睾酮与皮质醇比植在预赛前第 3 周和第 1 周有不同幅度的下降，是由于在第 3 周和第 1 周中睾酮有下降的趋势。

通过对以上指标的简要分析，可以看出，在全运会预赛前 4 周整个的训练过程中，血红蛋白、血尿素、血清肌酸激酶值在预赛前 1 周均在较为理想的状态，说明运动员身体机能状态良好，无疲劳积累现象。

五、赛艇运动员高原训练身体机能生理生化监控实例分析

高原训练作为一种特殊的强化训练手段，主要是利用高原缺氧环境和运动训练的双重刺激来提高运动员的运动成绩，高原训练已广泛应用于赛艇项目的训练中。

表 2-29　赛艇运动员高原训练身体机能测试结果（何东江，2010）

周次	血红蛋白/(g/dL)	血尿素/(mmol/L)	血清肌酸激酶/(U/L)
上高原前 1 周	15.9±0.97	6.4±0.44	505±166.67
高原第 1 周	16.7±1.36	7.9±1.33*	327±122.32*
高原第 2 周	16.1±0.92	7.8±1.27	323±148.29
高原第 3 周	17.1±0.55*	8.2±1.09*	377±128.27
高原第 4 周	16.1±1.03	8.6±1.11*	279 ± 98.95
高原第 5 周	16.5±0.97	8.4±1.60*	274±83.71*
高原第 6 周	16.6±0.77	8.8±1.14*	294±109.97
高原第 7 周	16.4±1.01	8.1±1.81*	271±97.37*
高原第 8 周	16.8±0.78	7.6±1.51	291±139.13
下高原后 1 周	16.0±0.78	7.7±0.86	229±60.48*#

注：同一行内，用 * 表示与高原前 1 周有显著差异，$p<0.05$；用 * * 表示与高原前 1 周有极显著差异，$p<0.01$；用 # 表示与第 3 周显著差异，$p<0.05$；用 # # 表示与第 3 周有极显著差异，$p<0.01$。

何东江等对浙江赛艇队运动员在海拔 2 120 m 的云南会泽进行为期 8 周的高原训练身体机能进行了观察，结果如表 2-29 所示。高原训练的 8 周，运动员血红蛋白水平均高于高原训练前 1 周。血红蛋白最小值出现在第 2 周（16.1±0.92）g/dL，最大值出现在第 3

周（17.1±0.55）g/dL，与上高原前 1 周相比具有显著性差异（$p<0.05$）。在高原上训练前 3 周血红蛋白波动较大，后 5 周保持平稳。下高原第 1 周血红蛋白水平有所下降，但是高于高原前第 1 周水平。目前，国内外多数研究显示，高原训练能提高机体血红蛋白和尿蛋白的含量，是机体适应高原低氧的重要代偿机制之一。平原上赛艇运动员血尿素平均值为（6.4±0.44）mmol/L，高原训练期间，血尿素峰值出现在第 6 周，其他几周均高于上高原前 1 周的水平。其主要原因是运动员对高原训练适应较慢，上高原前 1 周正值春节期间，训练不系统，以至于初上高原运动员对训练量不适应，血尿素上升幅度比较大。上高原第 6 周血尿素达到峰值，主要原因是第 5 周为调整周，运动员放假 2 天，期间没有安排任何训练，再加上第 6 周为大运动量周，以至于血尿素出现在最高值。虽然上高原后血尿素高于上高原前 1 周，但是高原训练期间血尿素变化不明显，这可能是运动员对高原负荷量的一种适应，运动状态好的表现。血清肌酸激酶在上高原的 8 周期间均低于高原前 1 周。血清肌酸激酶最大值出现在上高原第 3 周。下高原后 1 周血清肌酸激酶值有下降趋势，与上高原第 3 周、高原前 1 周相比，均有显著性差异。该结果表明随着训练强度的调整和高原训练效果的体现，运动员身体机能恢复良好，运动员能够适应高原训练负荷。

表 2-30　赛艇运动员高原训练身体机能测试结果（朱欢，2016）

周次	血红蛋白/(g/dL)	血尿素/(mmol/L)	血清肌酸激酶/(U/L)
上高原前 1 周	$151\pm12^{**\#\triangle}$	$4.02\pm1.12^{**\#\#\blacktriangle\blacktriangle}$	$173\pm86^{\#\#\bigcirc\bigcirc}$
高原第 1 周	$164\pm11^{*}$	6.64±1.75	$275\pm150^{\bigcirc}$
高原第 2 周	$154\pm13^{*\#\triangle}$	6.34±1.69	$211\pm104^{\#\bigcirc\bigcirc}$
高原第 3 周	$164\pm9.0^{*}$	$5.80\pm1.09^{*\#}$	315±200
高原第 4 周	172±12	6.84±1.55	$194\pm85^{\#\bigcirc\bigcirc}$
高原第 5 周	167±13	6.43±1.44	333±199
高原第 6 周	$163\pm15^{*}$	$3.60\pm1.35^{**\#\#\blacktriangle\blacktriangle}$	$259\pm105^{\bigcirc\bigcirc}$
下高原后第 1 周	$153\pm13^{*}$	$2.53\pm1.00^{**\#\#\blacktriangle\blacktriangle}$	318±117
下高原后第 2 周	167±13	$4.77\pm0.82^{**\#\#\blacktriangle\blacktriangle}$	$194\pm75^{\#\bigcirc\bigcirc}$

注：同一行内，用▲▲表示与高原第 1 周有极显著差异，$p<0.01$；用△表示与下高原后第 2 周有显著差异，$p<0.05$；用○表示与第 3 周显著差异，$p<0.05$；用○○表示与高原第 3 周有极显著性差异，$p<0.01$；用＊表示与高原第 4 周有显著性差异，$p<0.05$；用＊＊表示与高原第 4 周有极显著性差异；用＃表示与高原第 5 周有显著性差异，$p<0.05$；用＃＃表示与高原第 5 周有极显著性差异。

朱欢等对我国赛艇队备战 2016 年里约奥运会的 10 名公开级男子赛艇运动员在海拔 2 120 m 的云南会泽国家赛艇队训练基地的训练进行了身体机能测试，结果如表 2-30 所示。高原训练第 1 周各指标较高原前 1 周均有所升高；第 2、3、4 周血红蛋白呈逐步上升趋势，且第 4 周达到了本次高原训练的最大值，其后运动员血红蛋白呈逐步下降趋势，但下高原后第 2 周运动员血红蛋白有所升高。第 2、3 周血尿素呈逐步下降趋势，但第 4 周明显升高，并达到本次高原训练的最大值，其后运动员血尿素便呈逐步下降趋势，但下高原后第 2 周较下高原后第 1 周有所升高。运动员血清肌酸激酶有所下降，但第 3 周明显升高，此后各周呈现出显著的波浪形变化趋势，下高原后血清肌酸激酶先升高后降低，并略高于上高原前水平。

第三章 赛艇比赛竞速结构与分析

赛艇属于长距离体能主导类周期耐力性运动项目，对运动员体能和专项技术要求都很高。赛艇全程比赛距离是 2 000 m，因此在常规研究中一般均把比赛全程分为四段 500 m 进行竞速结构的分析。竞速结构是运动员战术运用的体现，同时也反映运动员的参赛能力。合理的速度分配有利于运动员节省体能，提高运动成绩。研究竞速结构对认识赛艇项目的比赛规律，制定合理的战术具有重要的意义。分段速度的研究与探讨，其目的一方面揭示该项目的黄金速度，另一方面揭示全程战术策略。高水平运动员在大赛中能够控制好桨频节奏，全程维持较高的艇速，是良好技能的表现，也是战术素养的体现。

第一节 赛艇比赛中冠军的竞速结构

一、2004、2008 年奥运会和 2009 全运会赛艇比赛中冠军的竞速结构

（一）奥运会和全运会冠军 500 m 分段战术模式

国际上对赛艇 2 000 m 比赛的研究通常分成 4 个 500 m 分段来进行。比赛时所采用的比赛战术有的选手在第 1 个 500 m 最快，有的是第 4 个 500 m 最快，也有的第 1 个 500 m 最慢等各不相同，定义一个战术模式，记录最快和最慢在哪一个分段。例如：某运动员第 1 个分段最快，第 3 个分段最慢，则可表示为“1-3”，即前面的数字代表最快的 500 m 分段，后面的数字代表最慢的 500 m 分段。

从表 3-1 可以看出，“1-3”模式在 2004 年和 2008 年奥运冠军中分别占了 42.9%和 64.5%，在 2009 年全运冠军中占了 35.7%，在两项比赛冠军中占了 47.6%。运用第二多的战术模式是“1-2”模式，占了两项比赛冠军中的 21.4%。“1-4”模式占两项赛事冠军的 16.7%，是第三多的战术模式。“4-2”“4-3”模式仅出现在奥运冠军中，在 2009 年全运会上已经没有冠军运用。

2009 全运会赛艇冠军有一个明显的特征，就是所有冠军全部采用了第 1 个 500 m 分段速度最快的战术，而且 14 条冠军艇仅采用了 3 种战术模式，少于上届的 5 种战术模式，说明当时我国优秀运动员的战术模式趋于相似，有利于国家队战术模式的整合。

表 3-1　2004 年、2008 年奥运和 2009 年全运赛艇冠军 500 m 战术模式

战术模式	2004 年		2008 年		2009 年		总比例
	数目	比例	数目	比例	数目	比例	
1-3	6	42.9%	9	64.5%	5	35.7%	47.6%
1-2	2	14.3%	2	14.2%	5	35.7%	21.4%
1-4	2	14.3%	1	7.1%	4	28.6%	16.7%
4-2	3	21.4%	1	7.1%			9.5%
4-3	1	7.1%	1	7.1%			4.8%

研究表明，“1-3”和“1-2”战术模式是 2004 年、2008 年奥运会和 2009 年全运会优秀运动队采取的最主要的战术模式，该模式强调第 1 个 500 m 分段距离的速度意在先发制人，占据有利位置，从心理上给对手制造压力，同时也能在第 1 个 500 m 分段大致判断出对方实力，有利于在途中合理分配体能和战术，有利于达到最终的胜利。

（二）奥运会和全运会冠亚军竞速结构

将赛艇 2 000 m 的比赛分成前后 2 个 1 000 m 的半程来分析，前 1 000 m 速度快于后 1 000 m 速度的称为前快后慢模式，后 1 000 m 速度快于前 1 000 m 速度的称为前慢后快模式。从图 3-1 和图 3-2 可见，在 2004 年、2008 年奥运会和 2009 年全运会中有 88.1%的冠军采用的是前快后慢模式，在亚军中有 76.2%采用前快后慢式，说明当时在优秀赛艇运动员中采用前快后慢模式进行比赛是一种普遍现象。

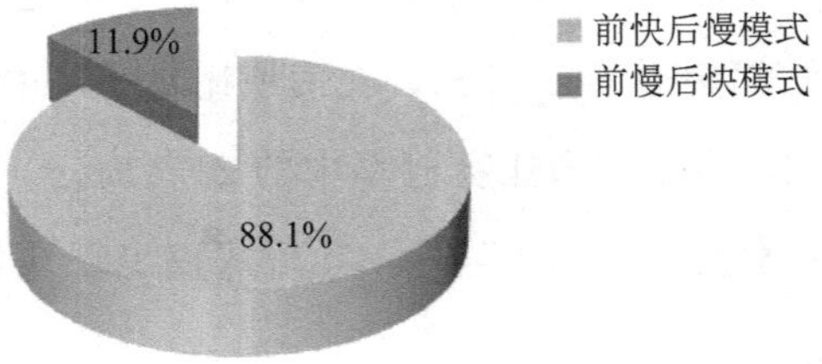

图 3-1　2004 年、2008 年奥运和 2009 年全运冠军前后程模式比例

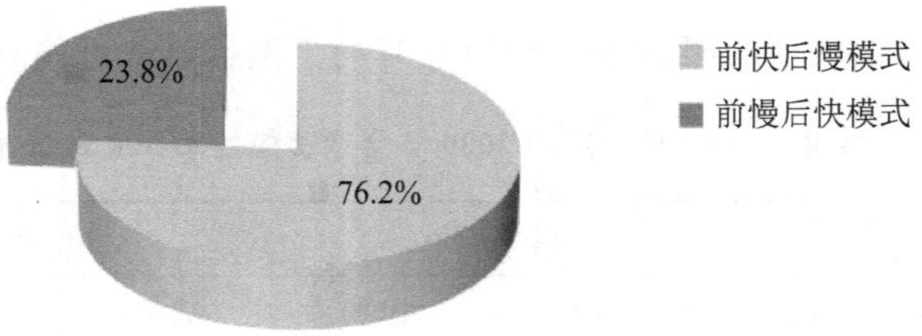

图 3-2　2004 年、2008 年奥运和 2009 年全运亚军前后程模式比例

从前后半程的时间差距来看，2008 年奥运冠军前快后慢模式平均 1 000 m 差距 2.96 s（表 3-4），明显低于 2004 奥运冠军的 4.94 s（表 3-2），说明 2008 年奥运冠军前后程的速度越来越接近平均。2004 年和 2008 年奥运冠军后半程时间占总时间分别为 50.44％和 50.36％，也呈下降趋势。

泰蒂根据赛艇比赛过程每 500 m 的分段速度，提出了 4 种赛艇战术模式：平均分段模式、飞跃-消退模式、经典优化模式、保守模式（图 3-3）。

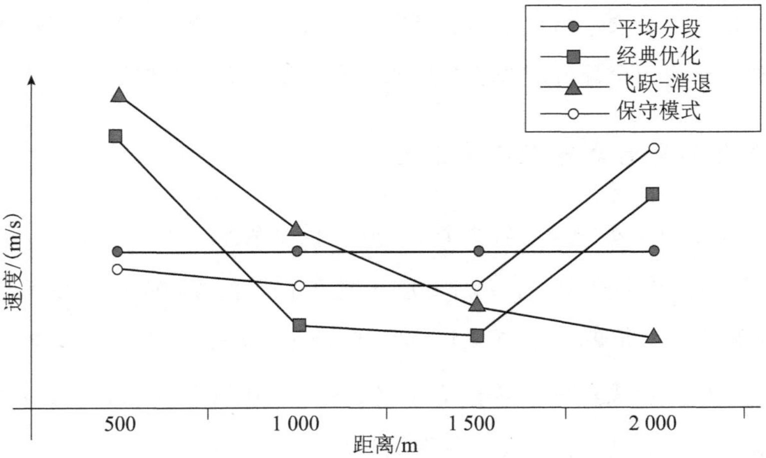

图 3-9　2 000 m 赛艇比赛战术模式（迈克・泰蒂，2005）

这4种模式中最理想的战术模式是平均分段模式，符合物体在匀速运动中能量消耗最少的理论，但实际比赛中运动员是无法真正达到这种状态的。经典优化模式主张在第1个500 m积极动员磷酸原和糖酵解能力，达到全程最大速度，中间1 000 m以高效的有氧代谢维持一定的速度，最后500 m尽全力动员所有能量代谢系统进行高速冲刺。赛艇比赛的特殊性使运动员只有在领先的情况下才能看到对手的状况，才能在中途阶段根据实际情况对体能分配做出合理的调整，从而有效控制比赛进行的节奏。在冠军中运用最多的"1-3"模式类似于经典优化模式，同时由于分段成绩差距的减小，研究显示奥运冠军正越来越趋向于最理想的平均分段模式。

2004年奥运冠军中前快后慢模式平均1 000 m差距时间大于亚军（表3-2、表3-3）；2008年奥运冠军中前快后慢模式平均1 000 m差距已经明显低于亚军（表3-4、表3-5），说明奥运冠军对全程速度的控制更加缜密，后半程的速度得到有效改善。2009年全运冠亚军中，前快后慢模式平均1 000 m差距分别为6.02 s和5.27 s（表3-6、表3-7），是2008年奥运冠军的203%和178%，从中也体现出我国赛艇选手与国际一流运动员之间的差距，我国运动员前后程差距太大，后半程能力亟待提高。

表3-2 2004年奥运会赛艇冠军竞速结构

项目	各500 m分段名次	战术模式	后半程减前半程时间/s	500 m时间最大差距/s
M8＋	1111	1-3	6.12	6.82
M4X	2211	1-2	2.97	5.36
LM4－	1111	1-3	6.39	6.98
LM2X	1111	1-4	8.29	7.41
M4－	1121	1-3	3.62	7.04
M2X	2221	1-3	4.08	6.22
M2－	1111	1-2	2.66	4.69
M1X	4121	4-2	－1.50	2.75
W8＋	2211	4-2	0.62	4.39
W4X	1111	1-3	4.87	3.95
LW2X	5311	4-3	0.37	1.79
W2X	1111	1-4	7.67	7.12
W2－	2111	1-3	7.29	4.43

续表

项目	各 500 m 分段名次	战术模式	后半程减前半程时间/s	500 m 时间最大差距/s
W1X	5111	4-2	−5.12	3.31
前快后慢模式平均 1 000 m 差距/s			4.94	
前慢后快模式平均 1 000 m 差距/s			2.41	
平均 500 m 分段时间最大差距/s			5.16	

表 3-3　2004 年奥运会赛艇亚军竞速结构

项目	各 500 m 分段名次	战术模式	后半程减前半程时间/s	500 m 时间最大差距/s
M8＋	5522	1-2	−1.13	5.28
M4X	1132	1-2	4.13	5.67
LM4−	4332	1-4	3.87	3.84
LM2X	3322	1-4	4.66	7.15
M4−	2212	1-3	2.82	6.19
M2X	3332	1-3	6.24	5.58
M2−	2222	1-2	1.32	4.52
M1X	6312	3-2	−0.74	1.10
W8＋	1122	1-2	1.76	4.42
W4X	5322	1-3	4.87	3.95
LW2X	2232	1-3	2.93	3.80
W2X	2222	1-4	4.04	6.42
W2−	4442	1-4	2.70	6.04
W1X	3332	3-2	−2.58	4.57
前快后慢模式平均 1 000 m 差距/s			3.58	
前慢后快模式平均 1 000 m 差距/s			1.48	
平均 500 m 分段时间最大差距/s			4.90	

表 3-4 2008 年奥运会赛艇冠军竞速结构

项目	各 500 m 分段名次	战术模式	后半程减前半程时间/s	500 m 时间最大差距/s
M8＋	1111	1-3	4.25	3.92
M4X	1111	1-3	3.77	3.64
LM4－	1111	1-3	2.90	4.52
LM2X	2111	1-2	2.09	3.11
M4－	2321	1-2	0.59	7.35
M2X	1111	1-3	6.23	4.44
M2－	2211	1-4	5.40	5.49
M1X	3121	1-3	1.87	5.05
W8＋	1111	1-3	2.70	3.52
W4X	3221	1-3	2.34	5.15
LW2X	6421	4-3	0.14	2.20
W2X	4221	1-3	3.38	5.60
W2－	3111	4-2	－0.76	3.96
W1X	2211	1-3	2.80	2.70
前快后慢模式平均 1 000 m 差距/s			2.96	
前慢后快模式平均 1 000 m 差距/s			0.76	
平均 500 m 分段时间最大差距/s			4.33	

表 3-5 2008 年奥运会赛艇亚军竞速结构

项目	各 500 m 分段名次	战术模式	后半程减前半程时间/s	500 m 时间最大差距/s
M8＋	2222	1-2	0.31	3.28
M4X	2222	1-3	3.67	4.09
LM4－	6522	4-2	－2.79	3.89
LM2X	3222	1-2	1.26	3.25
M4－	1112	1-2	4.63	6.39
M2X	5332	1-3	1.51	4.21

续表

项目	各 500 m 分段名次	战术模式	后半程减前半程时间/s	500 m 时间最大差距/s
M2−	1122	1-3	7.95	7.21
M1X	4532	4-2	−1.57	5.21
W8+	4442	4-2	2.68	5.70
W4X	1112	1-3	5.67	6.30
LW2X	3312	1-2	3.07	4.40
W2X	2112	1-3	5.75	6.37
W2−	5442	4-2	−5.42	7.72
W1X	4532	4-2	−3.20	4.29
前快后慢模式平均 1 000 m 差距/s			3.76	
前慢后快模式平均 1 000 m 差距/s			3.13	
平均 500 m 分段时间最大差距/s			5.17	

表 3-6　2009 年全运会赛艇冠军竞速结构

项目	各 500 m 分段名次	战术模式	后半程减前半程时间/s	500 m 时间最大差距/s
M8+	1111	1-4	6.70	5.51
M4X	1111	1-4	9.18	7.46
LM4−	1111	1-3	9.79	8.71
LM2X	1111	1-4	7.98	8.21
M4−	1211	1-2	−2.06	7.24
M2X	1111	1-2	6.75	13.47
M2−	1111	1-3	5.07	5.99
M1X	2221	1-2	2.44	7.39
W8+	2111	1-3	1.43	4.28
W4X	1111	1-3	3.20	5.17
LW2X	2221	1-2	2.60	4.43
W2X	1111	1-3	7.78	8.02

续表

项目	各 500 m 分段名次	战术模式	后半程减前半程时间/s	500 m 时间最大差距/s
W2−	1111	1-4	11.53	7.98
W1X	1111	1-2	3.52	4.65
前快后慢模式平均 1 000 m 差距/s			6.02	
前慢后快模式平均 1 000 m 差距/s			2.06	
平均 500 m 分段时间最大差距/s			7.04	

表 3-7　2009 年全运会赛艇亚军竞速结构

项目	各 500 m 分段名次	战术模式	后半程减前半程时间/s	500 m 时间最大差距/s
M8＋	2222	1-3	7.00	5.82
M4X	2222	1-4	7.70	6.96
LM4−	3222	1-3	5.78	6.10
LM2X	3232	1-3	6.98	5.63
M4−	5542	4-2	−7.50	9.46
M2X	3322	1-2	1.30	10.46
M2−	3322	1-2	2.62	3.78
M1X	1112	1-2	6.14	7.50
W8＋	1222	1-2	1.51	6.57
W4X	2222	4-2	−1.70	3.12
LW2X	1112	1-4	9.62	9.44
W2X	2222	1-3	6.08	7.42
W2−	3432	1-4	2.85	3.33
W1X	2222	1-4	5.67	6.49
前快后慢模式平均 1 000 m 差距/s			5.27	
前慢后快模式平均 1 000 m 差距/s			4.60	
平均 500 m 分段时间最大差距/s			6.58	

进一步细分到平均 500 m 分段最大差距，2008 年奥运冠军选手分段时间差距最小，平均 4.33 s（表 3-4），远低于 2004 年奥运冠军的 5.16 s 和 2009 年全运冠军的 7.04 s（表

3-2、表 3-6)，进一步证明了当时奥运冠军分段速度的平均化，这说明提高后半程能力和速度对我国赛艇运动员夺取奥运金牌的重要性。

换一个角度从各 500 m 分段名次来看，起航采取跟随战术不占领先位置，而在后半程发力最终取得金牌的奥运冠军在 2004 年和 2008 年里共有 16 项（表 3-2、表 3-4)，占总金牌数的 57%，说明了这些奥运冠军凭借强有力的后程能力最终夺冠。这也在一定程度上说明了决定金牌的不是启程，而是后程。在 2004 年和 2008 年奥运会取得银牌的选手也只有 6 条艇在前半程是处于领先的位置（表 3-3、表 3-5)，其他 79%的银牌都是后半程发力获得的，进一步证明了优秀选手普遍具备强劲的后半程能力。反观 2009 年全运冠军，11 条艇起航领先并夺得冠军（表 3-6)，占冠军总数的 79%，说明国内选手实力悬殊太大，冠军选手基本上都是国家队员，相对地方队员具有明显优势，冠亚军平均时间差值为 2.82 s，而相反银牌选手只有 3 条艇是起航领先（表 3-7)，有 6 条艇（43%）是从起航排名第三及以后半靠后程发力夺得银牌，是获得银牌最主要的比赛模式。

表 3-8　2004 年、2008 年奥运会和 2009 年全运会冠军第 4 与第 3 个 500 m 分段时间比值

项目	2004 年	2008 年	2009 年
M8＋	96.4%	98.4%	101.9%
M4X	98.8%	98.5%	101.2%
LM4－	96.9%	97.5%	98.4%
LM2X	103.6%	100.1%	103.0%
M4－	95.0%	95.3%	101.1%
M2X	96.8%	97.9%	99.4%
M2－	98.6%	100.6%	98.0%
M1X	97.9%	96.0%	97.0%
W8＋	95.9%	98.8%	97.0%
W4X	99.9%	95.6%	95.9%
LW2X	98.3%	97.9%	100.9%
W2X	101.2%	96.4%	97.2%
W2－	100.0%	96.6%	101.1%
W1X	99.0%	99.6%	99.7%
平均值	98.5%	97.8%	99.4%

表 3-9　2004 年、2008 年奥运会和 2009 年全运会冠军与亚军的时间差值　　单位：s

项目	2004 年	2008 年	2009 年
M8＋	1.27	1.22	1.58
M4X	0.58	2.24	2.12
LM4－	1.40	1.63	0.77
LM2X	0.53	0.73	3.44
M4－	0.08	1.28	2.22
M2X	2.72	1.28	1.33
M2－	1.88	2.11	0.97
M1X	2.12	0.80	1.88
W8＋	1.86	1.88	2.28
W4X	0.00	1.31	0.90
LW2X	1.28	1.29	3.12
W2X	0.99	0.01	5.06
W2－	2.11	1.68	8.22
W1X	3.92	0.44	4.63
平均值	1.48	1.28	2.82

再来看 2004 年、2008 年奥运会和 2009 年全运会冠军第 4 与第 3 个 500 m 分段时间比值（表 3-8），可以发现，整体趋势上第 4 段 500 m 速度快于第 3 段，这种现象占 3 年冠军总数的 73.8%。2004 年、2008 年奥运会冠军分别只有 3 条艇和 2 条艇例外，只占两届冠军总数的 17.9%，说明国际一流赛艇运动员在最后 500 m 仍具有较强的冲刺能力，在冠亚军实力越来越接近的趋势下（2004 年、2008 年奥运会冠亚军平均时间差值分别为 1.48 s 和 1.28 s，如表 3-9 所示）维持整个后程高速前进的能力就更加重要了。2009 年全运会冠军有 6 条艇第 4 段 500 m 速度慢于第 3 段，占 42.9%，这 6 条艇平均领先亚军 3.45 s，最多达 8.22 s，在巨大的优势面前，最后加速有可能因为前面速度太快已经加不上去了，也有可能是最后加速已经并不是迫切需要了。

表 3-10　2004 年、2008 年奥运会和 2009 年全运会冠军与亚军最后 500 m 时间差值（冠减亚）

单位：s

项目	2004 年	2008 年	2009 年
M8+	−1.27	1.07	1.37
M4X	−0.58	−0.31	−0.18
LM4−	−1.40	0.85	0.89
LM2X	−0.53	1.04	1.04
M4−	−0.08	−2.78	4.16
M2X	−2.72	1.59	2.00
M2−	−1.88	−0.50	−0.56
M1X	−2.12	0.34	−2.96
W8+	−1.86	2.83	−0.48
W4X	−0.00	−2.78	0.25
LW2X	−1.28	−1.60	−4.74
W2X	−0.99	−1.66	−1.03
W2−	−2.11	2.11	0.44
W1X	−3.92	1.99	−3.17
绝对值平均数	1.48	1.44	1.66

从表 3-10 最后一个 500 m 的时间来看，2004 年奥运会冠军的时间均少于亚军，即冠军在最后 500 m 的速度都比亚军快，可见当时强调最后的冲刺取胜。但到了 2008 年奥运会，这种情况就有显著改变了，有 8 条冠军艇（57%）最后 500 m 时间多于亚军，即最后 500 m 速度低于亚军，说明仅仅依靠最后的冲刺并不能夺取冠军，关键是要在全程特别是后程保持较高的速度才有可能取得最后的胜利。同样在 2009 年全运会有一半的冠军艇最后 500 m 时间多于亚军，即最后 500 m 速度低于亚军，再次证明了冠军的取得不在于最后的冲刺，而在于全程特别是后程的高速。

2004 年、2008 年奥运会和 2009 年全运会冠军在自身速度分配上，500 m 分段战术模式中多采用“1-3”和“1-2”战术模式，在 1 000 m 分段模式中多采用前快后慢模式，但奥运冠军前后程时间差不超过 1%，越来越趋向于最理想的平均分段模式，即全程维持较高的速度。奥运冠军在与对手竞争过程中，多数采用起航跟随后程超越的战术，后程能力是决定冠军归属的关键，最后加速能力至关重要，提高后程能力和速度对我国赛艇运动员夺取奥运金牌具有重要意义。

二、2011—2019 年赛艇世界顶尖比赛中冠军组的竞速结构

随着竞技体育的发展，2013 年资薇等研究发现，世界赛艇呈现出桨频高、冲刺早、冲刺距离长等发展趋势，这些趋势可能使运动员的竞速结构产生相应变化。易清等 2021 年对我国将要参加 2021 年奥运会的 W1X、W2－、W2X 、M2X、W4X、M4X 等 6 个项目进行了重点研究，分析了 2010—2019 年历届奥运会和赛艇世锦赛中，这 6 个比赛项目决赛 A（冠军决赛组）所有队伍每 500 m 的比赛用时的竞速结构，其中包括 2 届奥运会（2012 年伦敦奥运和 2016 年里约奥运会）和 8 届赛艇世锦赛。易清等在研究中为方便统计，对赛艇 4 个 500 m 分段进行了命名，即 0～500 m（Q1）、500～1 000 m（Q2）、1 000～1 500 m（Q3）和 1 500～2 000 m（Q4），分别统计 4 个比赛分段的平均相对速度。结果如表 3-11、图 3-4、图 3-5 和图 3-6 所示。

表 3-11　2010—2019 年决赛 A 各比赛分段平均相对速度及变化趋势（易清等，2021）

项目	Q1		Q2		Q3		Q4	
	平均相对速度	年均增长量	平均相对速度	年均增长量	平均相对速度	年均增长量	平均相对速度	年均增长量
W1X	102.45%±1.70%	−0.04%	99.42%±1.40%	0.04%	98.67%±1.01%	−0.13%	99.46%±1.74%	−0.13%
W2−	102.39%±1.89%	0.15%	98.70%±0.94%	0.03%	98.80%±1.31%	−0.03%	100.11%±1.70%	−0.15%
W2X	102.27%±1.88%	−0.27%	99.11%±0.80%	−0.02%	98.72%±1.31%	0.08%	99.91%±1.75%	0.20%
M2X	102.38%±2.26%	−0.34%	98.80%±0.81%	0.21%	98.37%±1.00%	0.11%	100.46%±2.20%	0.01%
W4X	102.40%1.30%	−0.06%	98.97%±1.32%	0.07%	98.42%±0.92%	0.00%	100.22%±2.03%	−0.01%
M4X	101.76%±1.64%	0.10%	99.16%±1.30%	−0.17%	98.52%±0.94%	−0.03%	100.55%±2.03%	0.04%

注：Q1 为 0～500 m，Q2 为 500～1 000 m，Q3 为 1 000～1 500 m，Q4 为 1 500～2 000 m；平均相对速度（%）以均值＋标准差的形式表示；年均增长量指相对速度平均每年增长的量（%）。

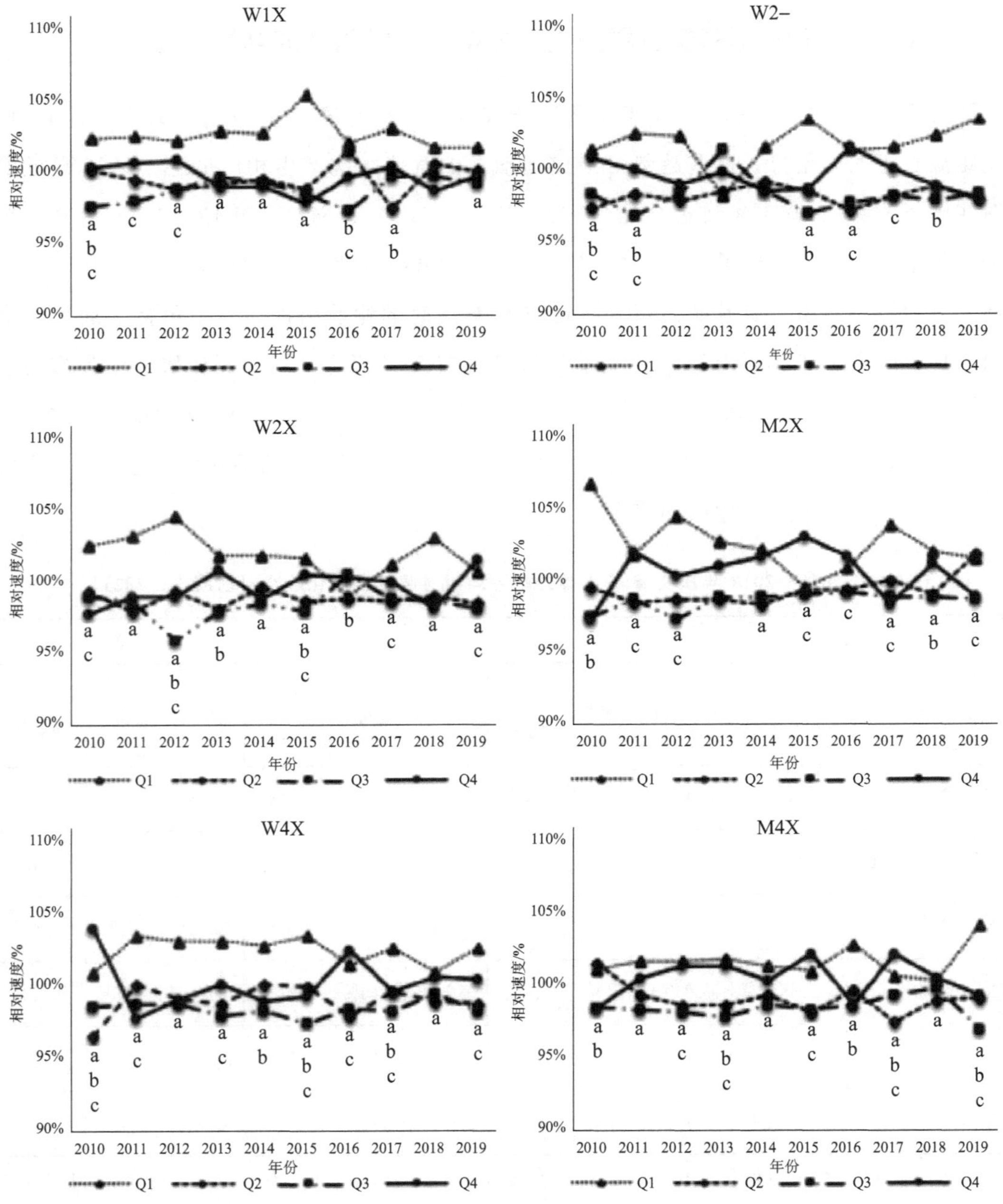

图 3-4 2010—2019 年各比赛分段的平均相对速度的演进趋势（易清等，2021）

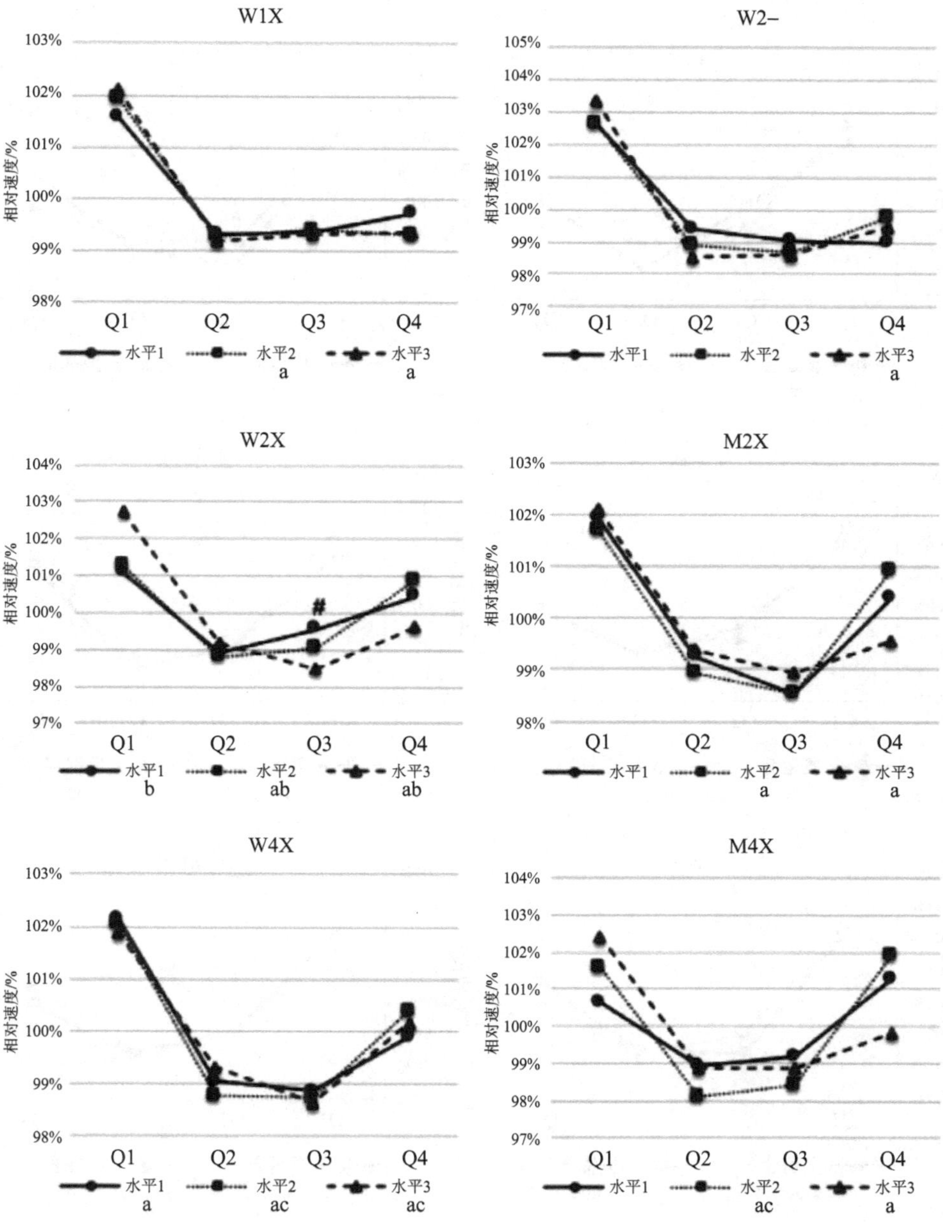

注：实力水平划分为水平 1（第 1 名）、水平 2（第 2～3 名），水平 3（第 4～6 名）；数据包含 2017—2019 年间 3 届世锦赛决赛 A 比赛数据；Q1 为 0～500 m，Q2 为 500～1 000 m，Q3 为 1 000～1 500 m，Q4 为 1 500～2 000 m；速度数据以相对速度（%）的形式表示；* 表示水平 1 和水平 2 之间存在显著差异，# 表示水平 1 和水平 3 之间存在显著差异，△表示水平 2 和水平 3 之间存在显著差异；a 表示 Q1 与 Q2 之间存在显著差异，b 表示 Q2 和 Q3 之间存在显著差异，c 表示 Q3 和 Q4 之间存在显著差异。

图 3-5　决赛 A 不同实力水平队伍之间配速策略比较（易清等，2021）

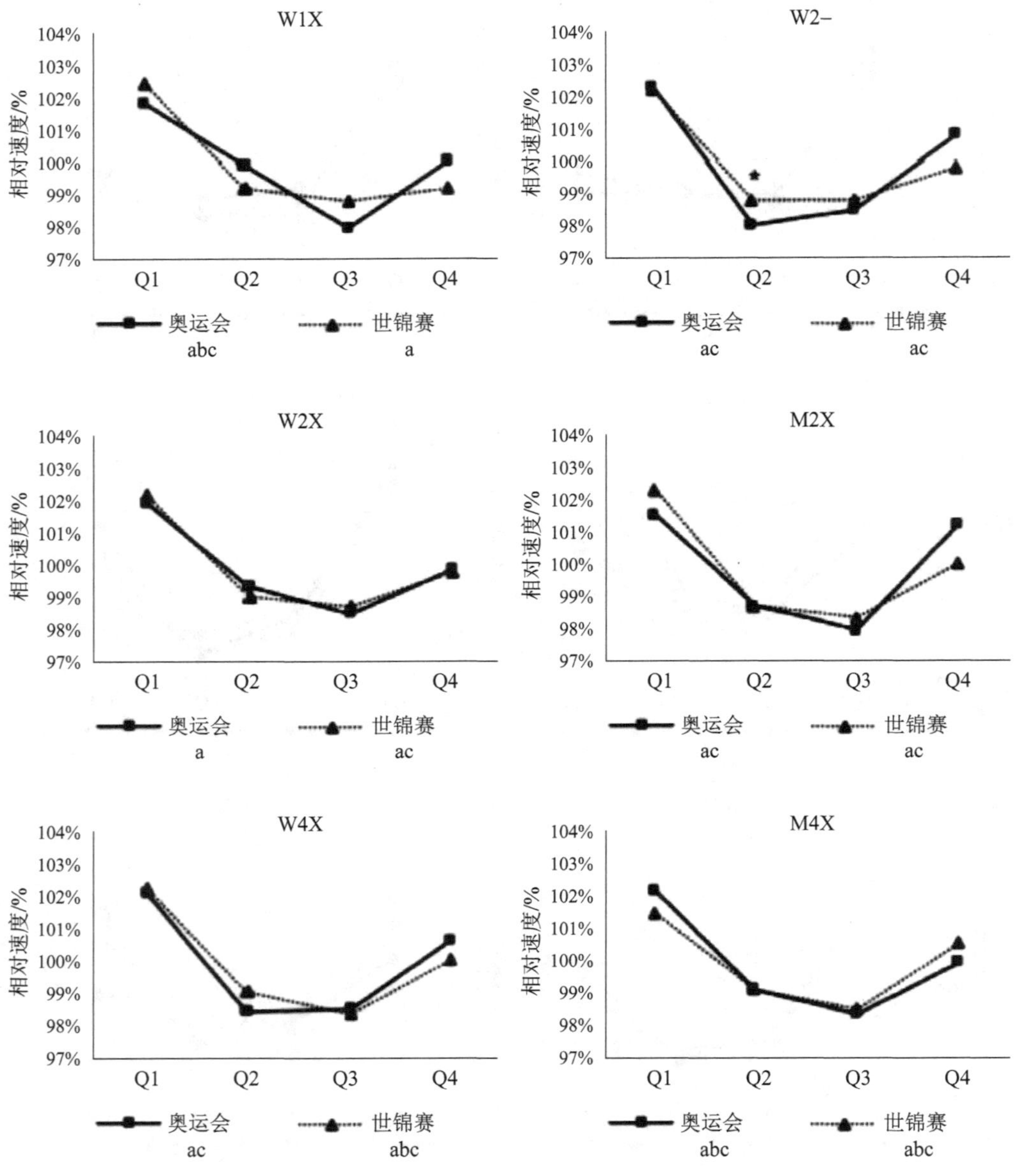

注：奥运会包括 2012 年和 2016 年 2 届比赛，世锦赛包括 2010—2019 年非奥运年世锦赛，共 8 届比赛；Q1 为 0～500 m，Q2 为 500～1 000 m，Q3 为 1 000～1 500 m，Q4 为 1 500～2 000 m；速度数据以相对速度（%）的形式表示；* 表示奥运会和世锦赛之间有显著差异；a 表示 Q1 与 Q2 之间存在显著差异，b 表示 Q2 和 Q3 之间存在显著差异，c 表示 Q3 和 Q4 之间存在显著差异。

图 3-6　奥运会与世锦赛配速策略比较（易清等，2021）

易清等主要研究结果表明：①2010—2019 年 10 年内 W1X、W2－、W2X、M2X、W4X 和 M4X 等 6 个项目 Q1～Q4 的相对速度整体稳定；②各项目的各比赛分段的相对速度方面，3 个水平队伍之间不存在显著差异（$p>0.05$，W2X 在 Q3 的水平 1 和水平 3 除外）；③各项目的各比赛分段的相对速度方面，奥运会和世锦赛间无显著差异（$p>0.01$，W2－的 Q2 除外）；④W1X、W2－、W2X、M2X、W4X 和 M4X 在 Q1～Q4 的平均速度分别约为 102%、99%、98～99%和 99～101%，其中 Q1 都显著大于 Q2，约 60%情况下 Q2 与 Q3 类似，约 50%情况下 Q4 大于 Q3。研究认为，2010—2019 年，6 个赛艇项目在奥运会和世锦赛决赛 A 中的配速策略整体稳定，金牌艇与银、铜牌艇，银、铜牌艇与非奖牌艇的配速策略类似；奥运会与世锦赛的配速策略类似；近十年内这 6 个赛艇项目在 Q1～Q4 的竞速结构上，似乎在保持 Q1 较高相对速度的同时，部分项目在部分年份出现更快的 Q3，并推动配速策略朝着均匀型方向发展。

三、2020 年奥运会赛艇比赛中冠军的竞速结构

从表 3-12 可以看出，2020 年奥运会 14 项赛艇冠军中，有 6 项采用了“4-2”模式（占 42.9%），3 项采用了“4-3”模式（占 21.4%），1 项采用了“4-1”模式（占 7.1%），即最后 500 m 最快的项目占了 71.4%，而“1-2” “1-3” “1-4”模式总共只有 4 项（28.6%），冠军战术模式与 2004 年、2008 年相比，产生了颠覆性的变化，即更注重后半程优势。全程保持领先的只有 7 项，即 50%的比例。第 1 个 500 m 领先最终夺冠的有 8 项（57.1%），但从 1 000 m 半程来看，有 12 项（85.7%）在后半程保持了领先直到最后，进一步说明了后半程的重要性。

表 3-12 2020 年奥运会赛艇冠军竞速结构

项目	各 500 m 分段名次	战术模式	后半程减前半程时间/s	500 m 时间最大差距/s
M8＋	3111	4-3	－0.62	1.91
M4X	4211	4-1	－2.31	1.90
LM2X	3211	4-2	－2.13	2.43
M4－	1111	1-3	4.86	4.11
M2X	1321	4-2	－5.09	4.80
M2－	1111	1-2	0.91	3.41
M1X	4111	4-3	－0.75	3.35
W8＋	1111	4-3	－0.67	2.11

续表

项目	各 500 m 分段名次	战术模式	后半程减前半程时间/s	500 m 时间最大差距/s
W4X	1111	1-4	1.21	2.01
W4-	1111	4-2	-1.75	2.78
LW2X	3331	4-2	-3.12	3.01
W2X	1111	1-3	1.15	1.40
W2-	2211	4-2	-0.79	2.23
W1X	1111	4-2	-1.63	4.22
前快后慢模式平均 1 000 m 差距/s			2.03	
前慢后快模式平均 1 000 m 差距/s			1.89	
平均 500 m 分段时间最大差距			2.83	

从半程快慢模式来看，前慢后快模式有 10 项（71.4%），与最后 500 m 最快的项目相吻合，与 2004 年、2008 年相比，同样是颠覆性的变化，同样说明后半程快速能力的关键性。

2020 年奥运会赛艇冠军平均 500 m 分段最大差距为 2.83 s，远低于 2004 年奥运冠军的 5.16 s 和 2008 年奥运冠军的 4.33 s，与易清等研究认为的配速策略朝着均匀型方向发展保持一致。

表 3-13　我国女子四人双桨赛艇两次奥运会冠军竞速结构比较

时间	各 500 m 分段名次	战术模式	后半程减前半程时间/s	500 m 时间最大差距/s
2008 年	3221	1-3	2.34	5.15
2021 年	1111	1-4	1.21	2.01

我国赛艇在奥运历史上共获得 2 枚金牌，都是我国女子四人双桨赛艇项目，时间分别是 2008 年和 2021 年。比较两次夺金的竞速结构，可以看出两次 500 m 分段战术模式比较接近，为“1-3”和“1-4”模式，从半程快慢模式来看也均为前快后慢模式，似乎战术变化不大；但在实际冠军组的竞争表现中却完全不同，2008 年采用的是跟随战术，直到最后 500 m 才处于领先状态，而 2021 年却是全程保持领先状态，2021 年的竞技能力表现得更强。从后半程减前半程时间和 500 m 时间最大差距来看，2021 年比 2008 年的时间均减少一半左右，意味着配速策略也是朝着均匀型方向发展，整体实力更加强大。

从 2020 年奥运会赛艇冠军的竞速结构来看，目前赛艇比赛竞争更加激烈，要求在全程保持高速的前提下后半程越来越快，即全程的速度差距更小，后半程比前半程更快。这些变化与以往的研究发现有所不同。在均匀型方向发展上，目前与近 10 年来保持一致，但在前后程速度上却产生了颠覆性的变化，即目前后半程比前半程更快，特别是最后 500 m 要求更快，这就对运动员的体能提出了更高的要求，这也说明了目前强调体能训练重要性的必要性。

第二节　赛艇比赛后半程能力的影响因素

赛艇是运动员借助器械在户外水面上进行的运动，比赛不可避免地会受到器械、气候、水况等外在因素的影响，在外在条件无法改变的情况下，决定比赛的关键因素就在于运动员自身，包括运动员心理、体能、战术能力等综合因素。这些因素相互联系，共同决定了比赛的最后进程。

一、影响赛艇比赛后半程能力关键因素的构成

根据赛艇比赛后半程情况的复杂性及运动员自身在竞赛中需要解决的问题，在前期研究的基础上，可将影响赛艇比赛后半程能力的关键因素高度概括为："节、耐、快、稳、搏"这 5 个主要因素（图 3-7）。这几个因素能够比较客观地概括赛艇比赛后半程中心理、体能、技术、战术、意志力等方面的要求，是影响赛艇运动员最终比赛胜负的关键因素。

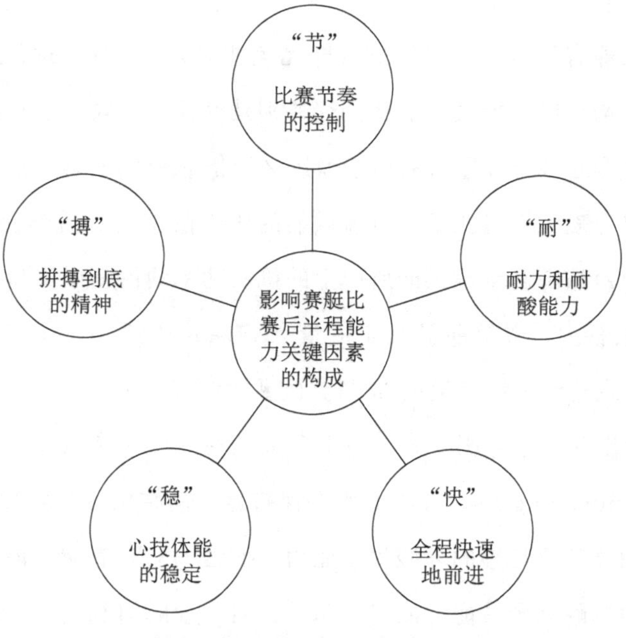

图 3-7　影响赛艇比赛后半程能力关键因素的构成

二、影响赛艇比赛后半程能力关键因素的内涵

（一）节——比赛节奏的控制

节，即节奏，是对比赛节奏的控制，也是对竞速结构和战术模式的控制。一方面，运动员要对自己 2 000 m 全程及各 500 m 分段时间和体能分配要有清晰的概念，具有熟练和稳定的战术涵养，不会轻易被别人干扰和打乱自己的竞赛计划；另一方面，运动员也需要能根据赛场的实际情况，及时灵活调整自己的战术目标，避免墨守成规而功亏一篑，而这更需要运动员对自己体能和技术的把握能力和强大的竞赛心理素质。从前面的数据分析可以看到，奥运冠军在与对手竞争过程中多数采用起航跟随后程超越的战术，这是面对落后不慌、胸有成竹、稳打稳扎、步步高升的结果，也是运动员娴熟控制比赛节奏的关键。从更高的层次来说，这是要求运动员具备优秀的专业知识水平，包括敬业精神、对项目特点和规律的认识、对训练的态度、对细节的考虑、对备战的投入、对困难的估计等，高水平的运动员必须具备高水平的思想素质，才能正常或者超常发挥自己的制胜能力水平，取得最终的成功。

（二）耐——耐力和耐酸能力

耐，包括耐力（即有氧能力）和耐酸（即无氧能力）。从前面的数据分析可知，最理想的战术模式是“平均分段”模式，要在全程特别是后程保持较高的速度才有可能取得最后的胜利，而在保持全程 6 min 左右的高速前进必须依靠强大的有氧能力，这是赛艇运动供能的主要方式，研究表明赛艇比赛中有氧供能的比例在 80%，后半程甚至更高。其次是耐酸能力，研究表明由糖酵解系统供能所产生的机械功率约占整个赛艇赛程平均机械功率的 17%，在起航的数秒内，骨骼肌乳酸生成量（VLA）达到 40 mmol/kg · s，肌乳酸浓度上升到7 mmol/L,或达到最终浓度的 30%。血乳酸浓度也随肌乳酸增加而增加。血乳酸在开始的 4 s 延迟后出现一个急剧上升，该上升大约在 90 s 后恢复。乳酸生成量（VLA）在 70 s 后下降至 12 mmol/kg · s，并将此水平保持至运动结束，肌乳酸和血乳酸浓度继续缓慢增加，因此运动员需要足够的乳酸耐受能力。而强大的有氧能力能有效分解肌肉和血液中的乳酸，是运动员耐受乳酸能力的坚实基础。对一般耐力和高水平耐力进行比较，发现未经专门训练人的氧饱和区域（一般耐力）为 65%，而受过专门训练的运动员为 85%。

一个受过良好训练的运动员乳酸堆积带来的能力比一般人高出50%，这是氧化能力增加（高的有氧能力）和糖酵解系统供能减少并推迟的结果。

（三）快——全程高速地前进

快，全程快速地前进，无疑是赛艇这个竞速项目获胜的必要条件。赛艇的获胜，不是起航的获胜，也不是冲刺的获胜，而是在全程2 000 m中能维持快速地前进，也就是平均分段模式中各分段均能保持快速。决定艇速的三个因素是桨频、功率和拉桨长度。在拉桨长度和功率保持不变的情况下，桨频越高船艇前进的速度越快。但是高桨频只是表面现象，赛艇竞速的根本在于对艇体的有效推进功率。运动员的功率越大，运动员在水下拉桨的速度越快。功率来自肌肉的力量的协调，但是运动员自身功率的效率却取决于桨叶在水中运动的方向。在功率保持恒定的情况下，拉桨长度越大，每桨的艇距越远。在比赛全程的200多桨中，运动员要始终保持足够高的输出功率，保持强大的船艇前进动力，赛艇比的不仅仅是一桨功率、一桨功效，更是每桨功率、每桨功效，是全程200多桨效率的累积，是专项体能和专项技术整合的效果。

（四）稳——心技体能的稳定

稳，不仅仅是要求运动员技术稳定，同时也要求运动员有稳定的心理素质和体能输出。赛艇是一项周期性运动，其技术动作呈周期性重复，通常可以分成提桨、拉桨、按桨和推桨4部分。优秀运动员经过长期的训练，已经形成了适合自身的固定的技术风格，稳定的、习惯的技术动作是运动员发挥自身最大能力的有效途径。而激烈的竞赛中体能的大量消耗将有可能使运动员动作无法理想完成，出现动作变形或失误，严重影响比赛成绩。因此，相对稳定的体能输出是保障相对稳定技术的前提，也是在相对稳定技术下发挥相对稳定功率，从而保持全程相对稳定速度的基础。同时，心理素质的稳定同样对运动员技术的发挥起着重要作用。比赛中心理受到干扰甚至严重干扰是根本不可避免的，若运动员想赢怕输的包袱压力过大、注意力分散，容易受到观众的噪音、对手船艇位置、运动员自身的每一桨的表现、同伴的表现、突然变化的天气等的负面影响，造成心理的不稳定，做不到比赛过程的以我为主。心理的微小波动在技术上就会有放大效应，直接影响到技术各个环节的稳定性、流畅性和一致性，关键的时刻抗高压、抗强干扰能力已经成为评判一名运动员是否有高水平的重要指标。高水平并不难，难的是稳定的高水平，而心理稳定就是稳定高水平的重要表现。

（五）搏——拼搏到底的精神

搏，是拼搏到底、誓夺第一的雄心壮志。竞技体育优胜劣汰的残酷现实要求运动员在训练和比赛中要具备不畏艰险、不讲条件、刻苦训练、顽强拼搏的精神，以及良好的思想品质。有研究认为，赛艇比赛中运动员所表现的心理，如“勇往直前的冲”“获胜的意志”或者突破自己极限的能力，都是由运动员个人的人格所决定的。而事实上，这些心理能力可以在训练过程中得到不断的锻炼和强化。为了达到个人最高的竞技水平，需要运动员拥有“尽可能高的疼痛忍受阈限”，而这种阈限的提高也是在不断的训练中得以实现的。在比赛的最疲劳关头，特别是在冲刺阶段，乳酸的积累达到最高，运动员的正确发力形式（技术）在一定程度上就等于力量和速度，因此，这个时候要求运动员把思维和注意放到技术动作和动作感受上来，这就需要运动员有强的意志和克服疲劳的信念，以及掌握注意力的心理技能，谁能坚持到底谁就能笑到最后。

三、影响赛艇比赛后半程能力关键因素之间的关系

赛艇属于体能主导类耐力性项群、单一动作结构周期性项目。运动员竞技能力结构中，心理、技术、战术、体能之间相互作用、相互影响，统一在一个整体之中。体能是技术发挥的物质基础，技术是体能的外在表现，战术是体能的合理分配，心理则是体能、技术、战术等因素综合应用的内在动力和调节系统。

在赛艇比赛后半程中，运动员往往面临落后赶超的局面，这需要运动员具有良好的全程“节”奏控制能力，这是运动员能够后发制人的先决条件，此为“节”；在赛艇比赛后半程中，高效的有氧“耐”力和坚强的乳酸“耐”受能力是为赛艇提供强大动力的基础，此为“耐”；在赛艇比赛后半程中，持续的快速前进及后来居上的胜利都取决于围绕使船“快”速前进的工作展开，“快”无疑是作为竞速项目的赛艇的核心，此为“快”；在赛艇比赛后半程中，心理、技术、体能的“稳”定发挥，是竞赛过程胜利完成的根本保障，此为“稳”；在赛艇比赛后半程中，运动员拼搏到底、誓夺第一的雄心壮志是夺取最后胜利的关键，此为“搏”。

"节""耐""快""稳""搏"是互相制约、互相促进、互相交融的。竞速以"快"为核心，"快"受"耐"和"稳"的制约，"耐"为"快"奠定物质基础，"稳"为"快"提供环境保障，赛艇运动员强大的有氧耐力和稳定的竞技状态是船艇快速前进的坚实基础和有力保障，同时在"快"的限度内，确保"耐"的"稳"定运行，运动员高效发挥的船艇快速前进的表现也能使运动员继续稳定运行耐力运动的路线。"节"是对"耐""快""稳"的统筹规划，运动员优秀竞技状态的表现是在合理调控下产生的，"耐""快""稳"是建立"节"的基础，具有高水平的实力才能按夺冠的策略去进行调控，失去"耐""快""稳"，则"节"成无米之炊。在"节""耐""快""稳"的基础上，运动员奋力拼"搏"才能达到最终的目标，"搏"是画龙点睛之笔，是最后成功的关键，运动员只有在具备了良好的心理、技术、战术、体能的基础上，努力拼搏才能取得最终的胜利。

总之，以上因素之间的相互关系可以表述为："节"为条件，"耐"为基础，"快"为核心，"稳"为保障，"搏"为关键，这些因素的最佳组合和应用，体现了影响赛艇比赛后半程能力的关键因素。

第三节　提高赛艇比赛后半程体能的训练方案与分析

一、针对性的后半程体能备战训练方案的构建策略

（一）提高认知水平，明确目标信心

提高包括科研人员在内的教练团队和运动员的科学训练理念和对项目制胜规律的认识，倡导求真务实、拼搏进取的团队精神，脚踏实地以训练为根本，剖析自身存在和面临的问题，明确前进的方向，积极探索和大胆尝试突破的途径，坚信一分耕耘一分收获，建立分段目标和坚定获胜的信心，首先在心理上确立解决问题的基础。针对后半程体能不足，首先要坚信通过科学合理的训练能够改善，然后以客观科学的态度分析其中战术模式、体能分配、有氧能力、无氧能力及技术等方面的原因，并分别进行诊断测试，有的放矢地予以调整。

（二）夯实有氧基础，适宜无氧刺激

坚持有氧训练支撑赛艇成功的信念，坚定不移地以夯实有氧基础为根本，充分认识有氧训练和无氧训练的辩证关系，合理安排有氧训练和无氧训练的组成结构，科学安排赛前减量训练的负荷和节奏，确保整体运动能力的上升。后半程体能不足很大程度上是由于有氧能力欠缺或与有氧能力高度相关，任何时候都要考虑有氧能力的基础存在。

（三）立足有氧功率，科学三从一大

立足于有氧功率的核心，从运动训练学、生理学、生物化学、生物力学、动力学等多学科探索提高有氧代谢功效的机制和方法，合理优化体能和技术的完美结合，以科学的态度和方法运用三从一大原则努力提高一桨功率，把握成功的脉搏。后半程体能不足主要表现在功率不足以维持竞赛特定时间内所需要的强大动力，而非长时间低功率的维持能力，只有从实战需要出发，大力提高每桨功率才能为船艇的加速提供充足的动力。

（四）统筹板块模式，构建稳态训练

根据国际国内比赛的节奏和自身发展的步骤，统筹安排训练，有计划、有目的地建立系统的板块训练模式，建立稳态训练状态，并在坚实的基础上不断突破，创建新的稳态，在发展中铸就强大的实力。后半程体能不足就是机体不能维持高需求的状态，机能失去稳定而下降，因此在训练中适应这种高需求的稳定状态就非常有必要。

（五）突出核心力量，强化技术稳定

充分认识赛艇运动中动力的产生、传递、衔接和整合作用，协调发展相关工作肌和协同肌，避免有失偏颇，通过加强核心力量的训练，使运动员力量的核心枢纽确保运动员在水上的平衡稳定性和技术动作的稳定性，使运动员对船的驾驭能力得到最大表现。后半程体能不足特别是核心支撑能力的不足是导致技术变形或失误的主要原因之一，忽略核心力量的枢纽作用将使力量的效率事倍功半，技术的发挥失去动力保障。

（六）实时科学监控，质量决定成败

科学的监控应当尽量反映训练过程中当时的真实状况，这远胜过训练后的推测及亡羊补牢式的补救和调整。随着科技水平的不断发展，越来越多的实时监控系统能够准确反映

运动员训练过程中生理、生化及生物力学等方面的变化，为训练质量的提高提供了有力保障，只有真正高质量的训练才能避免假象、真正铸就强大的实力并最终走向成功。只有真正掌握运动员后半程体能不足状态下的真实状况，才有可能对症下药，从根本上改善运动员的体能和竞技表现，实现科学训练的真谛。

二、年度训练方案设计

（一）冬训基础期

（1）增强有氧耐力水平，提升个体势力能力；
（2）提高绝对力量素质，促进无氧爆发能力；
（3）加强核心力量练习，增强专项所需的关键能力；
（4）完善专项技术改造，形成“运动技巧”。

（二）冬训提高期

（1）以赛代练，进一步提升个体势力能力，形成基本战术意识；
（2）提高速度耐力力量水平，巩固基础耐力素质；
（3）更进一步加强核心力量、平衡稳定力、呼吸肌等与专项相关的关键素质；
（4）巩固专项技术，提高专项配合水平。

（三）夏训专项期

（1）保障生理机能，储备能量，使专项有氧耐力水平得到最大的提升；
（2）发展非乳酸和乳酸能力，保证体能的稳步提升，并促使体能与技术能完美结合；
（3）增强训练、比赛的意识、习惯，形成战术模式；
（4）发展“心”“智”素质，培养顽强拼搏的比赛作风。

（四）赛前备战期

（1）一切从实战出发，学会为比赛而训练，提高参赛能力；
（2）减压，轻装上阵，勇往直前。

（五）各阶段训练的主要内容及训练方法与手段

表 3-14　各阶段训练的主要内容及训练方法与手段

阶段	冬训基础期	冬训提高期	夏训专项期	赛前备战期
主要内容	单人艇：耐力； 测功仪：有氧； 跑步：低强度； 绝对力量	单人艇：有氧； 多人艇：配合； 测功仪：强度； 速度耐力力量	比赛艇：速度； 测功仪：强度； 跑步：有氧； 耐力力量	比赛艇：战术； 测功仪：有氧； 跑步：代偿； 速度力量
方法	持续稳定法、重复法、循环法、模式训练法	节奏训练法、比赛训练法、变换训练法、辅助训练法	间歇训练法、比赛训练法、变换训练法、模拟训练法	法特莱克法、比赛训练法、变换训练法、程序化训练法
手段	水上：20～25 km； 测功仪：6～8 km； 跑步：10～12 km； 力量：韵律球、滑轮、低杠等	水上：超比赛距离计时； 测功仪：6～8 km； 力量：韵律球、滑轮、低杠等	水上：短距离计时； 测功仪：速度、技术录像	水上：战术演练、模拟； 测功仪：强度； 调整恢复

随着训练阶段的推进，训练结构按照有氧训练、有氧-无氧混合训练、无氧训练逐层递进，无论哪个训练阶段，低强度有氧训练始终保持着最大负荷量。整个年度周期，低强度有氧训练负荷量占总负荷量的 87.3%，其中冬训低强度有氧训练负荷量占总负荷量的 88.2%。以低强度的各种有氧训练为主，同时适当结合少量无氧训练，才更有利于高水平耐力运动员的能力发展。各阶段训练的主要内容及训练方法与手段如表 3-14 所示。

三、运动员训练效果分析

通过运动员磷酸原能力、有氧能力、乳酸能力等专项运动能力的测试，可以分析影响运动员后程能力的限制因素，为进一步的专项训练指明方向。

（一）运动员磷酸原能力的测试

由表 3-15 可知，经过一年训练后，运动员最大力量的深蹲、卧拉、卧推及总重量平均上升了 4.7%、4.5%、10.5%和 6.3%，说明运动员磷酸原能力有所提高，有助于起航发力。

表 3-15 运动员年度训练前后平均最大力量比较

项目	深蹲	卧拉	卧推	总重量
训练前平均最大力量/kg	128.5±14.3	77.5±7.1	81±8.8	287±24.3
训练后平均最大力量/kg	134.5±15.7	81±6.9	89.5±9.3	305±26.0
增幅	4.7%	4.5%	10.5%	6.3%

（二）运动员有氧能力的测试

测功仪 6 000 m 测试是反映运动员专项有氧能力的较好方法。由图 3-8 可见，经过 1 年训练后，运动员测功仪 6 000 m 总时间及平均 500 m 时间均有不同程度下降，说明成绩提高，运动员有氧能力得到一定改善。由图 3-9 可见，经过 1 年训练后，运动员测功仪 6 000 m 平均功率有所提高，而相应的桨频却有所下降，说明运动员每桨功率得以提高，运动员的有氧功率增加。

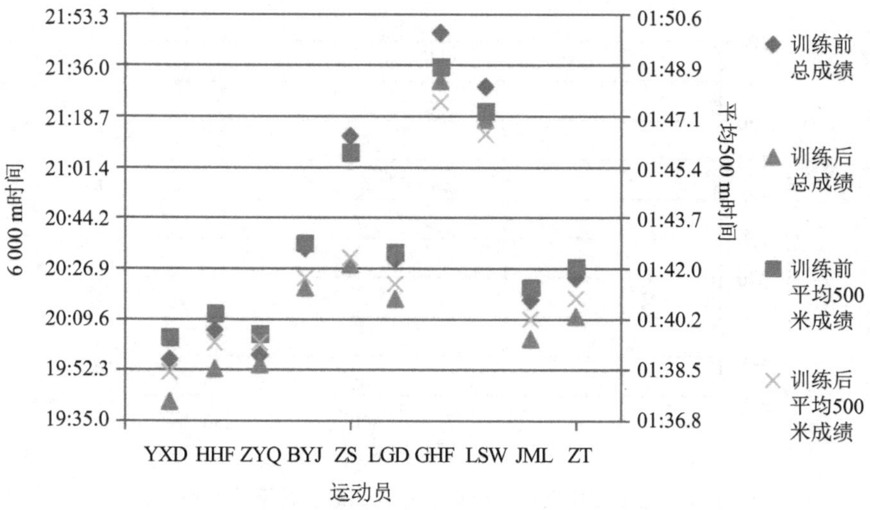

图 3-8 运动员年度训练前后测功仪 6 000 m 总时间及平均 500 m 时间比较

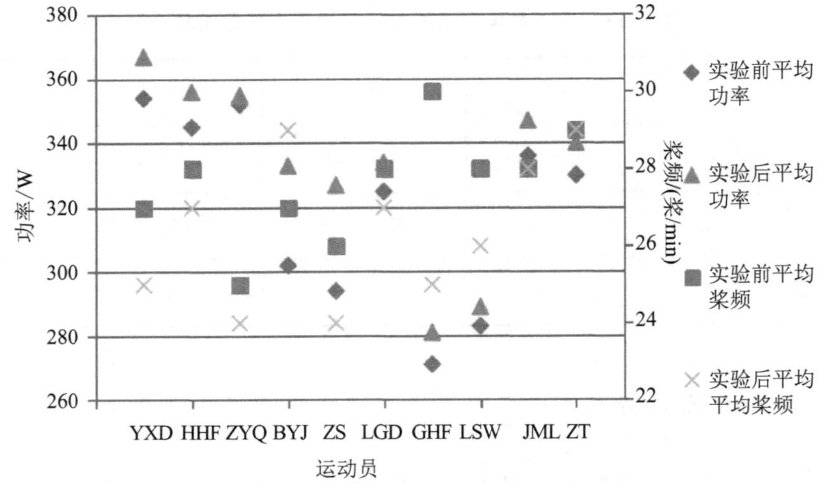

图 3-9 运动员年度训练前后测功仪 6 000 m 平均功率及桨频比较

由图 3-10 可见，本年度训练后运动员整体上心率-功率曲线右移，即相同心率负荷下功率提高，说明运动员有氧功率增强；由 3-11 可见，乳酸-功率曲线也有向右移动趋势，即相同乳酸水平下功率提高，进一步表明运动员有氧能力提高。这说明本年度大比例有氧训练可以改善运动员的无氧能力，提高运动员的有氧功率。

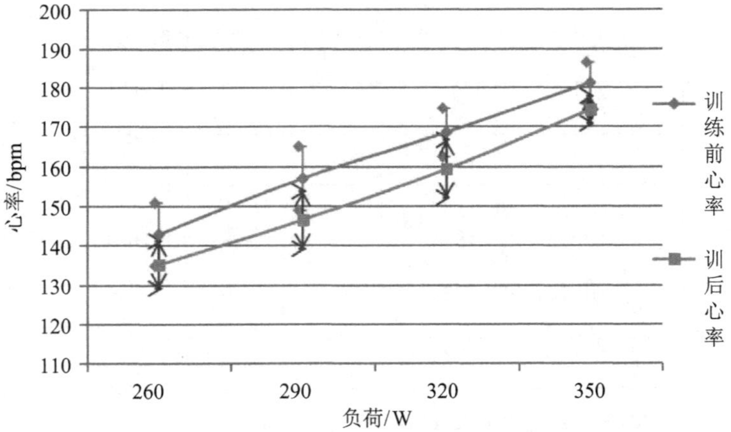

图 3-10 运动员年度训练前后测功仪四级负荷平均心率变化

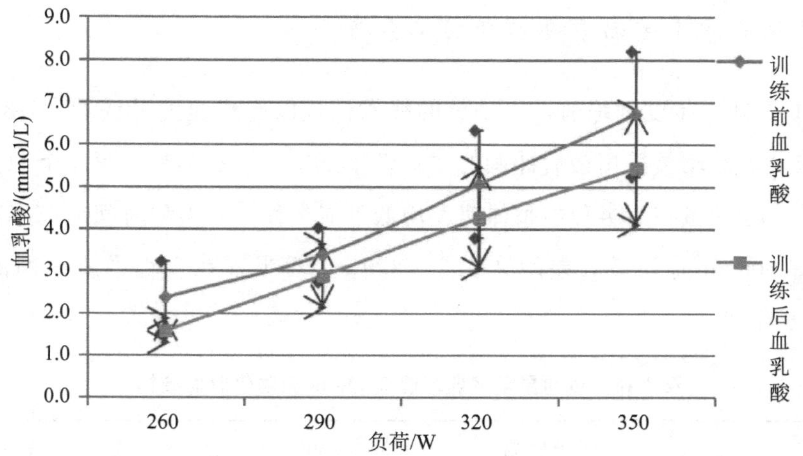

图 3-11　运动员年度训练前后测功仪四级负荷平均血乳酸变化

（三）运动员乳酸能力的测试

由图 3-12 可见，经过 1 年的训练，运动员在耐酸训练和冲酸训练中，血乳酸水平均有所上升，同时每 500 m 成绩也得以提高，说明运动员能够在忍受更高的血乳酸水平下产生更高的运动效率，或者能通过更多的乳酸代谢提供更多的能量以促进运动成绩的提高，使运动员在乳酸的耐受能力和供能能力方面均得以提高，提升运动员整体的运动能力。

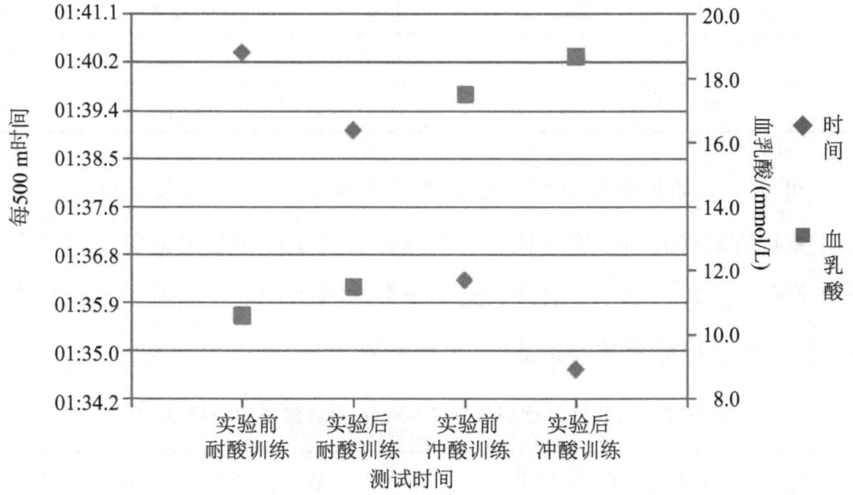

图 3-12　运动员年度训练前后乳酸能力的比较

（四）模拟比赛中运动员全程的功率分布

由表 3-16 可知，年度训练前，运动员的战术模式以起航速度最快的“1-3”和“1-4”模式为主，有 3 名运动员采用最后冲刺的“4-3”模式，7 名运动员在第 4 个 500 m 分段速度快于第 3 个。运动员在后半程中整体速度均低于前半程，后半程时间减前半程时间差在 0.1～12.5 s，500 m 时间最大差距在 1.8～8.9 s，后半程在全程中所占用的时间比从 50.0%到 51.6%。

表 3-16 运动员年度训练前 2 000 m 测功仪时间结构

运动员	战术模式	后半程减前半程时间/s	500 m 时间最大差距/s	后半程占全程时间比值	第 4 个与第 3 个 500 m 时间比值
ZYQ	4-3	0.1	1.8	50.0%	98.1%
HHF	4-3	0.1	3.0	50.0%	96.9%
BYJ	1-4	7.7	5.9	51.0%	102.3%
LGD	1-3	4.4	4.7	50.6%	98.8%
ZS	1-3	2.8	4.2	50.4%	97.1%
ZT	1-4	6.2	4.3	50.8%	100.2%
YXD	4-3	0.3	2.4	50.1%	97.6%
GHF	1-3	6.8	4.8	50.9%	98.9%
JML	1-3	12.5	8.9	51.6%	97.7%
LSW	1-4	9.2	5.9	51.1%	100.8%
平均		5.0	4.6	50.6%	98.8%

由表 3-17 可知，运动员全程功率分配趋势与时间趋势完全相反，即与速度趋势完全相同，在测功仪上功率越大则速度越快、时间越短。由于后半程时间长于前半程，即后半程速度慢于前半程，反映在功率上表现为运动员后半程平均功率均小于前半程功率，差值在 1～66 W，500 m 平均功率最大差值在 23～94 W。

表 3-17 运动员年度训练前 2 000 m 测功仪平均功率结构

运动员	战术模式	前后半程平均功率差/W	500 m 平均功率最大差距/W	后半程占全程功率比值	第 4 个与第 3 个 500 m 功率比值
ZYQ	4-3	1	24	49.9%	105.9%

续表

运动员	战术模式	前后半程平均功率差/W	500 m 平均功率最大差距/W	后半程占全程功率比值	第 4 个与第 3 个 500 m 功率比值
HHF	4-3	1	39	49.9%	110.0%
BYJ	1-4	49	75	47.0%	93.4%
LGD	1-3	6	69	49.6%	104.3%
ZS	1-3	16	50	49.0%	109.8%
ZT	1-4	37	51	47.6%	99.5%
YXD	4-3	2	23	49.9%	106.5%
GHF	1-3	36	51	47.5%	103.3%
JML	1-3	66	94	45.3%	107.1%
LSW	1-4	45	58	46.6%	97.7%
平均		26	53	48.2%	103.8%

从以上情况来看，年度训练前运动员后程功率下降过大，致使后程速度下降，后程时间相对较长，需要提高后程功率，提高后程速度，进而改善整体运动表现。

由表 3-18 可知，经过 1 年训练后，运动员的战术模式以起航速度最快的“1-3”模式为主，有 3 名运动员采用在后程最快冲刺的其他模式，8 名运动员在第 4 个 500 m 分段速度快于第 3 个，与一年前整体上变化不大。运动员在后半程中整体速度均低于前半程，后半程时间减前半程时间差在 0.6～5.6 s，500 m 时间最大差距在 1.1～6.2 s，后半程在全程中所占用的时间比从 49.8%到 50.7%。以上数据均好于训练前，说明运动员的战术模式更加熟练，分段时间差距越来越小，向优秀运动员的战术模式发展。

表 3-18　运动员年度训练后 2 000 m 测功仪时间结构

运动员	战术模式	后半程减前半程时间/s	500 m 时间最大差距/s	后半程占全程时间比值	第 4 个与第 3 个 500 m 时间比值
ZYQ	4-2	−1.4	2.5	49.8%	98.3%
HHF	4-3	−1.3	4.9	49.8%	94.8%
BYJ	1-3	1.8	3.1	50.2%	98.1%
LGD	1-3	1.9	3.6	50.3%	97.3%
ZS	1-3	2.1	3.1	50.2%	97.3%
ZT	1-3	0.6	3.2	50.1%	97.0%

续表

运动员	战术模式	后半程减前半程时间/s	500 m 时间最大差距/s	后半程占全程时间比值	第 4 个与第 3 个 500 m 时间比值
YXD	1-3	5.6	6.2	50.7%	97.1%
GHF	1-3	2.6	1.8	50.3%	100.0%
JML	1-3	2.3	2.4	50.3%	98.9%
LSW	3-1	−1.3	1.1	49.8%	100.5%
平均		0.9	3.2	50.2%	97.9%

从表 3-19 可知，运动员全程功率分配趋势与时间趋势完全相反，与一年前相同。多数运动员由于后半程时间长于前半程，即后半程速度慢于前半程，反映在功率上表现为运动员后半程平均功率小于前半程功率，差值在 4～35 W；但有 3 名运动员由于前半程时间长于后半程，即前半程速度慢于后半程，反映在功率上表现为运动员后半程平均功率大于前半程功率，差值在 7～11 W；500 m 平均功率最大差值在 11～78 W。以上数据均好于训练前，说明运动员的后半程分段功率增加，后半程能力增强，有利于运动成绩的提高。

表 3-19　运动员年度训练后 2 000 m 测功仪平均功率结构

运动员	战术模式	前后半程平均功率差/W	500 m 平均功率最大差距/W	后半程占全程功率比值	第 4 个与第 3 个 500 m 功率比值
ZYQ	4-2	−10	34	50.6%	105.2%
HHF	4-3	−11	72	50.6%	117.4%
BYJ	1-3	12	42	49.3%	105.9%
LGD	1-3	12	44	49.3%	108.3%
ZS	1-3	15	39	49.1%	108.0%
ZT	1-3	4	41	49.8%	109.6%
YXD	1-3	35	78	47.8%	109.4%
GHF	1-3	14	20	49.0%	100.0%
JML	1-3	14	28	49.1%	103.3%
LSW	3-1	−7	11	50.5%	98.6%
平均		7.8	41	49.5%	106.6%

再进一步比较训练前后 2 000 m 测功仪平均成绩，从表 3-20 可知，运动员一年后每 500 m 平均功率增加了 20 W，总成绩平均快 6.7 s。其中后半程从时间上来说对总成绩提高的贡献率是 79.1%，从功率上来说对总功率提高的贡献率是 72.2%，说明后半程能力的提高是总成绩提高的主要因素，而各专项运动能力的提高共同促进了后半程能力的提升，其中各分段成绩的接近，进一步证明了全程即整体有氧能力的提升是运动成绩提高的关键。

表 3-20　运动员年度训练前后 2 000 m 测功仪平均成绩比较

		时间		功率	
		实验前	实验后	实验前	实验后
分段成绩	500 m	01:35.4	01:34.7	404 W	415 W
	1000 m	01:37.3	01:36.6	379 W	390 W
	1500 m	01:39.5	01:37.2	359 W	382 W
	2000m	01:38.3	01:35.3	373 W	407 W
总成绩		06:30.4	06:23.7	378 W	398 W
提高成绩		6.7 s		20 W	
后半程提高贡献率		79.1%		72.2%	

通过 1 年的低强度有氧训练为主、辅以适当无氧训练的针对性训练，运动员的磷酸原能力、有氧能力均得以改善，后半程能力明显提升，运动成绩显著提高。

第四章　赛艇训练模式的生理生化分析

目前国际运动生理学和运动训练学理论界对提高赛艇等耐力性项目运动员有氧能力持有 3 种不同的训练模式：一是主张以乳酸阈强度（血乳酸在 4 mmol/L 左右）为主的训练模式，称为乳酸阈模式；二是主张训练强度与训练量逐步呈倒置水平分配，称为金字塔模式；三是主张以低强度（血乳酸＜2 mmol/L）训练为主，结合少部分高强度的训练，称为两极化模式。如图 4-1 所示。

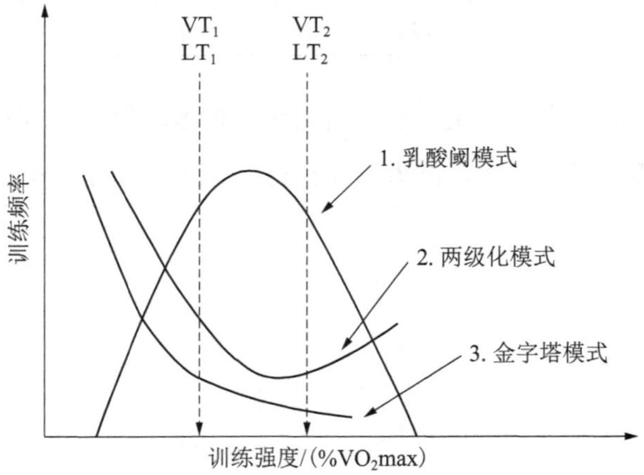

图 4-1　耐力训练强度模式示意图（陈小平，2008）

第一节　赛艇乳酸阈训练模式

乳酸阈训练模式最早由德国的 Kindermann 等人提出，之后又有一些研究者得出了同样的研究结论，这些研究的共同之处是他们的实验对象均为未受过专门训练的人群。

Kindermann 是世界上最早将血乳酸指标应用于耐力训练监控的学者之一，他的小组对人体运动时能量代谢从有氧到无氧的转化过程进行了研究，认为该过程开始于以血乳酸第一次突增为标志的“有氧阈”，结束于达到相应的最大乳酸稳定状态的“无氧阈”。他们的实验表明，未经过训练的受试者在进行了 2～3 个月、每周 4～5 天、训练强度维持在乳酸适应区间特别是无氧阈值附近的训练之后，耐力水平出现显著提高。其原因在于，该训练强度可以明显地刺激最大摄氧量、乳酸阈或通气阈，从而提高人体运动的耐力水平。

早期的研究一般将血乳酸 4 mmol/L 作为乳酸阈（AT4 或 OBLA）。后来的研究表明，乳酸有很大的个体差异，根据运动员乳酸动力学的个人特点提出了个体乳酸阈（IAT）。进一步的研究又提出了最大乳酸稳态（MLSS）的概念，即机体能以相对稳定乳酸保持相当长一段时间时的最大恒定输出负荷，MLSS 的测试方法是在不低于 30 min 的恒定负荷运动，且在运动 10 min 后乳酸的波动不能超过 1 mmol/L，MLSS 反映了运动时代谢由有氧状态过渡到靠大量动用无氧供能的一个临界值。

郜卫峰研究显示（表 4-1），不同水平的男子赛艇运动员在无氧阈训练后，有氧做功能力都有了非常明显的提高（$P<0.01$）。优秀运动员提高了（26.38±3.89）W，而普通运动员提高了（31.97±2.93）W，从增长的幅度来看，普通运动员要显著高于优秀运动员（$p<0.05$）。进一步分析造成这种现象的原因，可能是由于本次试验的测试时间处于运动员冬训期的开始阶段，这一阶段的主要任务就是加强运动员的有氧能力，为下一个阶段，也就是赛前准备期的高强度训练打下良好的有氧基础，对于优秀运动员来说，多年的专项训练，使得他们在技术上的改进的空间相当的狭窄，并且在前一个训练周期已经具有很高的有氧能力水平，这个阶段的训练任务，只是针对训练侧重点的不同，来“唤醒”他们曾经已具备的有氧水平，并试图建立更高层次的平衡，因此，提高的幅度相对较小。另外，最大摄氧量这一反映人体有氧工作能力的指标，与遗传的因素有着较强的相关性，系统的运动训练能在 3～5 年提高 15%～20% VO_2max，达到一定水平后，对训练的反应变得不敏感，基本维持在同一水平。优秀运动员长期系统的有氧训练使得最大摄氧量已经达到很高的水平，而有氧做功能力的提高一般会由无氧阈水平来反映。但对于普通运动员来说，最大摄氧量还有着一定的训练余地，并且普通运动员由于技术动作上面还存在很多的不足，因此提高的幅度较大。

表 4-1　9 周无氧阈训练后男子赛艇运动员有氧做功能力的变化（郜卫峰，2006）

	训练前/W	训练后/W	训练前-训练后/W
优秀运动员 $n=8$	323.23±13.62	349.61±14.97**	26.38±3.89△
普通运动员 $n=8$	287.51±23.00	318.45±25.65**	31.97±2.93

注：**表示训练前后有非常显著的差异（$p<0.01$）；△表示不同水平运动员训练前后功率的差值的比较有显著性差异（$p<0.C5$）。

奚春群对浙江省女子赛艇运动员进行了为期8周的个体乳酸阈强度训练后，运动员在递增负荷测试过程中，每一个负荷强度下的心率较训练前都有一定程度的下降（表4-2）。统计分析显示，只有HR-3级别存在显著性差异（$p<0.05$），表明运动员经过个体乳酸阈训练后，在该级别负荷上的心率数值有显著下降；其余组别的心率数值训练前后不存在显著性差异。从中还可以看出，运动员各负荷级别上的心率数值存在一定的下降趋势，说明在个体乳酸阈强度的周期性训练期间，运动员心脏对该训练刺激是逐渐适应的。在同一强度负荷下，运动员心率降低，表明每搏输出量增加，心脏通过增加每搏输出量提高对当前运动强度的有氧适应能力。尤其是在HR-3组别，多数乳酸阈拐点出现在该组别强度中，反映了8周乳酸阈强度训练使运动员心肌在该强度中的耐缺氧能力显著提高，这在一定程度上反映了运动员心肺功能的提高。个体乳酸阈训练课有利于提高女子赛艇运动员机体利用氧的能力，从而提高其有氧代谢能力。

表4-2　8周IAT训练干预前后运动员各级负荷心率变（奚春群，2019）

级别	HR-0/（次/分）	HR-1/（次/分）	HR-2/（次/分）	HR-3/（次/分）	HR-4/（次/分）	HR-5/（次/分）	HR-6/（次/分）
	0 W	150 W	180 W	210 W	240 W	270 W	300 W
训练前	79±12.1	140±7.8	153±9.1	164±7.3	175±16.7	185±7.6	189±8.7
训练后	80±9.3	137±5.9	149±8.5	159±6.1*	169±8.0	180±6.6	185±6.4

注：HR-0为起始安静心率，HR-1为第一负荷等级（150 W）的心率，以此类推；*表示训练前后有显著性差异，$p<0.05$，**表示训练前后有极显著性差异，$p<0.01$。

从表4-3可以看出，在相同强度负荷下训练后，运动员的整体血乳酸浓度比训练前有所下降，运动员静止时及最终血乳酸浓度在训练前后差异不大，数值较为接近。统计显示，BLa-3、BLa-4这2个级别$p<0.05$，BLa-1级别$p<0.01$，说明训练前后运动员的血乳酸数值存在较大差异，训练后血乳酸数值明显降低，整个血乳酸曲线也是如此，训练后的曲线在递增负荷起始阶段上升更为缓慢，最后的峰值仍然不变。同时，统计分析显示，BLa-1、BLa-3、BLa-4这3个级别在运动员训练前后的血乳酸浓度数值存在显著性差异，表明在完成150 W、210 W和240 W的同级负荷时，训练后运动员的血乳酸水平均有显著性下降。同级别的血乳酸值有所降低，反映出运动员训练后在同级别负荷运动中的乳酸消除能力得到提高，表明运动员的有氧代谢能力相对提升。

表 4-3 8 周 IAT 训练干预前后运动员各级负荷即刻血乳酸浓度变化（奚春群，2019）

级别	BLa-0/（mmol/L）	BLa-1/（mmol/L）	BLa-2/（mmol/L）	BLa-3/（mmol/L）	BLa-4/（mmol/L）	BLa-5/（mmol/L）	BLa-6/（mmol/L）
	0 W	150 W	180 W	210 W	240 W	270 W	300 W
训练前	1.30±0.33	1.63±0.32	1.91±0.59	3.37±0.89	5.17±1.36	7.82±2.28	11.03±1.97
训练后	1.24±0.32	1.30±0.25**	1.86±0.45	2.63±0.50	4.28±0.76	7.18±1.97	11.04±1.40

注：BLa-0 为起始安静血乳酸值，BLa-1 为第一负荷等级（150 W）结束时即刻血乳酸值，以此类推；* 表示训练前后有显著性差异，$p<0.05$，** 表示训练前后有极显著性差异，$p<0.01$。

第二节 赛艇金字塔训练模式

金字塔训练模式是 Hartmann 等提出的耐力训练模式。Hartmann 等认为在长期训练过程中，耐力训练的强度应该保持“金字塔”式的走势，最高强度的无氧训练比例应控制在年训练总量的 5%～10%，有氧-无氧阈以上强度的训练最好不超过 10%，其余 80%应该是有氧-无氧阈以下的中、低强度的训练。该训练模式的理论认为，优秀运动员与普通人和青少年运动员在运动能力储备上具有很大的差别，没有经过正规训练的人肌细胞中线粒体的数量大约为 3%左右，而经过长期专门训练的马拉松运动员的肌细胞中线粒体数量达到 12%以上，是普通人的 3～4 倍。从物质代谢的角度分析，大强度的训练会破坏肌细胞中的线粒体，优秀马拉松运动员比赛后肌肉的线粒体可以损失 6%左右，这种损耗对运动员耐力水平的影响是非常大的。由于优秀运动员的线粒体数量已经达到相当高的水平，大负荷运动造成的损耗并不能带来相应的“超量恢复”效应，所以频繁的大负荷训练，尤其是大强度训练很可能会给高水平运动员带来负面的作用。另一方面，75%的训练课的强度在 65%VO_2max，对于那些训练有素的，具有较高最大摄氧量［70～80 mL/（kg·min)］的运动员来说，这种“低”强度仍然可以产生工作肌肉中氧气的高利用率。假设肌肉群的活动一样，那么以 65%VO_{2max}进行训练的优秀运动员，其工作肌肉中的氧气利用率和那些未经训练的人以最大摄氧量或接近最大摄氧量进行运动时，肌肉的氧气利用率基本相等。金字塔训练模式是我国赛艇国家队和省队常用的一种训练模式。

韩炜 2011 年为了解我国男子赛艇公开级运动员年度有氧耐力与无氧耐力训练的比例关系，以 20××年度国家男子赛艇队训练为例，对我国优秀男子赛艇运动员的年度耐力训练情况进行分析（年度训练计划见表 4-4）。训练量采用训练公里数来表示。训练强度根据 6 个训练强度等级所占的百分比来表示整个训练期间训练强度的变化。

表 4-4　国家男子赛艇队 20××年训练计划（韩炜，2011）

训练阶段	阶段	地点、时间	训练目的	训练内容
准备期	一、有氧准备	千岛湖（8 周）	防伤防病，发展有氧能力和一般性力量耐力，提高专项技术，为下一阶段的高原训练夯实基础	以有氧耐力和一般性力量耐力训练为主，提高专项技术
竞赛期	二、高原训练	会泽（8 周）	尽快适应训练要求，利用高原环境，最大幅度提高运动员专项有氧耐力水平	以有氧耐力训练为主，辅以混氧训练，提高专项技术
	三、能力巩固	千岛湖（8 周）	巩固、保持高原训练期间获得的有氧能力，最后一周参加春季锦标赛	以有氧训练为主，注重专项力量和专项耐力水平的发展，进行间歇速度训练、专项速度耐力训练
	四、高住低练	杨陵（4 周）	赛前强化训练，提高专项肌肉耐力、代谢能力、速度耐力	以混氧训练相为主，辅以有氧和无氧训练，注意力量的保持
	五、世界杯	欧洲（5 周）	强化专项能力，培养竞技状态，参加 2 站世界杯	以混氧训练为主，辅以少量无氧训练，加强速度耐力训练
	六、平原训练 七、高住低练	海林（3.5 周） 西安（4.5 周）	（1）调整训练，消除疲劳，对前阶段训练情况进行总结，找问题及差距。 （2）发展和巩固有氧能力，发展力量耐力。 （3）赛前强化训练，提高专项肌肉耐力、代谢能力、速度耐力	（1）以有氧和混氧训练为主，恢复和发展肌肉力量，进行专项力量和专项耐力素质的训练 （2）以混氧训练为主，辅以比赛强度和速度的间歇训练，注意力量的保持
	八、世锦赛	慕尼黑（2 周）	减量加强度，顺利参赛	在有氧技术划和有氧补偿划的基础上，安排与比赛强度相当的间歇训练
过渡期	调整	北京（2 周）	赛后总结，恢复性训练，消除生理、心理疲劳	有氧技术划

韩炜研究显示，从年度耐力训练强度安排的比例看，我国男子赛艇运动员水上训练中低于乳酸阈强度的训练占到77.56%，高于乳酸阈强度的训练占到9.02%。训练结构按照有氧训练、有氧-无氧混合训练、无氧训练逐层递进，耐力训练强度分配与“金字塔模式”相符。

杨鸣对我国女子四人双桨项目在北京奥运周期训练的相关特征研究显示（图4-3），从整个周期各级强度的总训练量来看，有氧能力训练占88.93%，混氧能力训练占4.14%，耐酸能力训练占4.42%，速度能力训练占2.51%（图4-2）。这种强度与训练量的结构关系属于“金字塔”式的结构方式。这种“金字塔式”的训练结构模式给予训练两方面的启示：一方面反映了不同强度、不同能力在专项训练中的比例关系，速度能力、耐酸能力、混氧能力、有氧能力训练安排比例为：2.5∶4.4∶4.1∶89，即强度越低的内容比重越大、强度越高的内容比重越小；另一方面也反映了高一级强度必须以低一级强度的训练为基础，即有氧能力是无氧能力的基础，基础有氧能力是高强度有氧能力的基础。

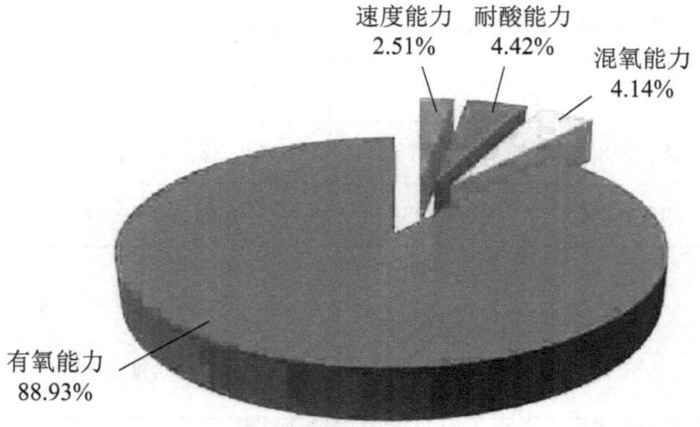

图4-2 女子四人双桨艇整个周期水上不同能力训练负荷量比例（杨鸣，2018）

潘丹丹观察了我国国家赛艇队女子双桨组运动员备战2016年里约奥运会年度训练41周的负荷，分别以A、B、C表示，A1～A18表示冬训阶段第1周至冬训阶段第18周，B1～B13备战第2站世界杯阶段第1周至13周，C1～C10表示奥运会前1～10周。

表4-5 女子双桨赛艇运动员各阶段与年度训练量统计表（潘丹丹，2018）

周次	力量/min	柔韧/min	专项训练/km			
			水上	测功仪	跑步	总公里数
A1～A18总训练量	4 240	3 680	2 390.5	630	217.8	3 238.3
A1～A18周平均训练量	236±116	204±73	133±34	35±25	12±10	180±43

续表

周次	力量/min	柔韧/min	专项训练/km			
			水上	测功仪	跑步	总公里数
B1～B13 总训练量	1 440	1 655	2 023	95	109	2 227
B1～B13 周平均训练量	111±98	127±66	156±54	7±14	8±9	171±65
C1～C10 总训练量	1 485	900	1 507.25	354	17	1 878.25
C1～C10 周平均训练量	149±105	90±23	151±88	35±33	2±4	188±90
A1～C10 总训练量	7 165	6 235	5 920.75	1 079	343.8	7 343.55
A1～C10 周平均训练量	175±119	152±78	144±56	26±27	8±9	179±63

表 4-6　女子双桨赛艇运动员各阶段训练强度变化统计表（潘丹丹，2018）

周次	氧利用 2/km	氧利用 1/km	无氧阈/km	氧运输/km	无氧/km
A1～A18	3 202.3（98.89%）	8（0.25%）	16（0.49%）	12（0.37%）	0
B1～B13	2 182.5（98%）	6（0.27%）	18（0.81%）	16（0.72%）	4.5（0.2%）
C1～C10	1 859（98.98%）	4（0.21%）	6（0.32%）	9（0.48%）	0.25（0.01）
总里程数	7 243.8（98.64%）	18（0.25%）	40（0.54%）	37（0.50%）	4.75（0.06）

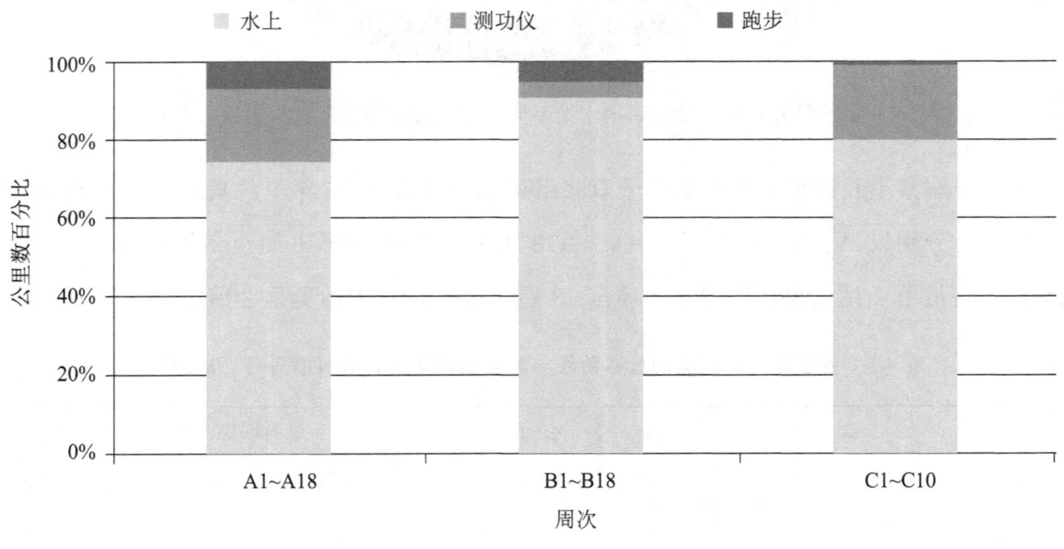

图 4-3　女子双桨赛艇运动员年度各阶段训练公里数百分比变化（潘丹丹，2018）

由表4-5和表4-6可知，女子赛艇运动员年度力量、柔性训练时间分别为7 165 min和6 235 min，专项训练总量为7 343.55 km，其中水上、测功仪、跑步分别为5 920.75 km、1 079 km、323.5 km。年度负荷强度分布氧利用2、氧利用1、无氧阈、氧运输、无氧分别为98.64%、0.25%、0.54%、0.5%、0.06%。

由图4-3可见，女子赛艇运动员年度水上、测功仪、跑步训练公里数百分比3个阶段差异较大。冬训阶段水上、测功仪、跑步训练的比例分别为73.8%、19.5%、6.7%；备战第2站世界杯阶段训练分别为90.8%、4.3%、4.9%；奥运会赛前阶段分别为80.2%、18.8%、1.0%。

国家赛艇队女子双桨组8名队员备战里约奥运会年度训练41周中，氧利用2强度的训练（不包括力量训练强度）占98.64%，高强度训练负荷比例逐渐减少，年度训练量大强度少，呈金字塔训练模式。

李翔宇对河南省优秀赛艇运动员备战2015年全国锦标赛赛前训练负荷的研究显示，在赛前训练强度安排上，男女组整体上的负荷强度安排相似，低强度有氧训练为主，占总训练量的75%～77%，中等强度训练占总训练量的19%～20%，高强度训练占总训练量的4%～5%，赛前的训练负荷强度呈现出金字塔训练模式。

刘元景对江苏赛艇队男子组年度水上训练强度研究显示，在负荷强度分布上呈现金字塔训练模式，即运动强度越高的训练其相应的负荷量也就越低，同时集中在氧利用1范围的训练强度也较为广泛。氧利用1、2和3占全年训练量的80%，高强度训练约占总训练量的15%。

第三节　赛艇两极化训练模式

一、赛艇两极化训练模式构建理论

（一）赛艇两极化训练模式基本原理

两极化训练模式是20世纪90年代以来国外通过对世界优秀的赛艇、自行车、马拉松等耐力项目运动员的研究提出来的，即在进行耐力训练时通常采用低于乳酸阈的强度（约占总训练时间或训练总距离的75%），或明显高于乳酸阈的强度（约15%～20%），而很少采用乳酸阈强度（约5%）的训练模式。这样将低强度、高强度负荷的训练手段有机结合起来，使低强度负荷变得更低、高强度负荷变得更高，能确保对相关基因的高度诱导，增加机体线粒体（以及其他相关组织等）蛋白质的合成，同时还能提高能量的供给并减少对机体的刺激压力。对高水平运动员来说，以乳酸阈强度进行训练可能会产生交感神经过度负荷以及并非是最佳的提高运动能力的负荷。两极化训练模式既保证了运动员的疲劳消除、预防过度训练，又保证了训练的突出强度，促进了各种负荷强度条件下技术、力量、速度、心理等能力的协同提高。

根据训练强度和训练量，可以统计出整个训练的负荷程度。训练强度的界定除了常用的心率和血乳酸外，也可以用最好成绩的百分比来评定。

以距离计量为主训练负荷量的确定：以练习的总距离为负荷量。例如，运动员进行6 km划次数为3次，则运动员的负荷总量为18 km。

以距离为主训练负荷强度的确定：常以心率和血乳酸确定。

以时间计量为主训练负荷量的确定：以训练的总时间为负荷量。例如，运动员进行单人艇40 min划，组数为2组，则负荷总量为80 min。

以时间为主训练负荷强度的确定：常以心率和血乳酸确定。

以重量计量为主训练负荷量的确定：以练习的总重量（kg）为负荷量。例如，运动员做单次卧推练习，单次负荷重量为80 kg，次数为12，那么单次练习的负荷量为960 kg，进行3组练习，那么总负荷量为2 880 kg。

以重量为主训练负荷强度的确定：练习的重量与运动员做此练习的最大重量的百分比为练习的负荷强度。例如，运动员最大负荷重量为100 kg，训练负荷重量为80 kg，则负荷强度就为80%。

以次数计量为主训练负荷量的确定：以单次练习的次数乘以他的组数。例如，运动员做放松训练2次，组数为1，那么他的负荷量2。

以次数为主训练负荷强度的确定：常以心率和血乳酸确定。

准确判断并记录各种训练负荷手段的类别，详细记录每次训练课的量与负荷强度，分析整个训练周期或特定时间段某类训练负荷占这段时期训练负荷的百分比，如有氧耐力训练构成比、力量训练构成比等，即可掌握整个训练负荷结构。

（二）赛艇两极化训练模式构建基本原则

1. 以理论为基础

两极化训练模式认为，高水平运动员在低强度训练中也能在其活动肌群里产生极高的氧化流量，并引导肌肉产生相应的变化，提高自身的有氧能力，同时，低强度训练对运动员长期训练建立起来的相对稳定的机能状态影响小，运动员在训练后可以较快地得到恢复，这一稳定的平台也有利于运动员更好地承受高强度负荷及有效恢复。从专项技术的角度来看，低强度有氧训练有利于保障动作的稳定性、合理性和自动化，提高专项技术效率。同时，低强度训练也是促进糖原节省化、维持神经中枢能量供应的有效训练方法，能避免中枢神经和外周神经的过度疲劳。而结合高强度的训练在提高最大摄氧量“中心部分”适应性变化以及“缓冲”能力等方面有独特作用，两极化训练模式既维持了高水平运动员的机能平台、提高有氧能力、防止过度疲劳，又保证了训练的绝对强度，促进了运动员技术、力量、速度、心理等能力的协同提高。

2. 以实践为依据

负荷强度可划分为：Ⅰ级负荷——强度低于通气阈或乳酸阈第一拐点（一般血乳酸小于 2 mmol/L）；Ⅱ级负荷——强度介于通气阈或乳酸阈第一拐点与第二拐点之间（一般血乳酸介于 2～4 mmol/L）；Ⅲ级负荷——强度高于通气阈或乳酸阈第二拐点（一般血乳酸大于 4 mmol/L）。从表 4-7 可以看出，世界优秀赛艇运动员 75%以上的训练量集中在Ⅰ级负荷强度区域；同时，将大约 10%～20%的训练量集中在Ⅲ级负荷强度区域；只有很少的训练量被投入到传统的Ⅱ级负荷强度区域。

表 4-7 部分世界优秀赛艇运动员负荷强度安排特征（郭树涛，2010）

研究者	实验对象	训练阶段	Ⅰ%	Ⅱ%	Ⅲ%
Steinacker	世界优秀（赛艇）运动员	一般准备期	90	—	<10
		比赛期	75	—	25
Steinacker, et al.	德国青年（赛艇）运动员	一般准备期	75	—	25

续表

研究者	实验对象		训练阶段	I%	Ⅱ%	Ⅲ%
Fiskerstrand, et al.	挪威国家队（赛艇）运动员		年度周期	75	5～10	15～20
Guellich, et al.	德国青年（赛艇）运动员	国际级	准备期	94.82	2.08	3.10
		国家级	准备期	95.93	2.03	2.99

注：Ⅰ、Ⅱ、Ⅲ栏的数值代表这 3 种负荷强度在特定训练阶段的负荷量占总负荷量的百分比。

3. 以监控为准则

两极化训练模式是以训练负荷中训练强度和训练量的分配比例来界定，因此准确监控训练负荷是评定是否符合该训练模式的关键。只有以监控为准则，才能：

（1）真实、深入地了解和认识训练内容的本质内涵，从根本上明确训练的实质；

（2）保障全年及各周期、各阶段训练的系统性，全面、完整地把握训练和比赛的全过程；

（3）准确掌握训练的动态和变化，是对运动员完成专项比赛或训练细节的准确评价；

（4）强化训练信息的快速和实时反馈，从质和量上控制运动员的训练过程。

二、赛艇两极化训练模式组成结构

在赛艇两极化科学训练模式组成结构的研究中，根据国内赛艇比赛的实际时间情况，将研究时间分为两部分，即一个全年的训练时间和一个备战全国运动会的赛前时间。全年的训练时间包括 14 周的夏训和 30 周的冬训共 44 周（夏训和冬训时间的划分以运动队的实际情况来确定，因为夏天在北方训练、冬天在南方训练，因此以在各地的训练来划分夏训和冬训）。全年参加了 3 次全国比赛，7 周比赛时间由于包含了转场、旅途、比赛、放假等各种差异较大的活动形式，因此被剔除在训练时间内。本研究以正常训练时间为纳入范围。备战全国运动会的赛前时间 11 周。具体时间顺序为夏训（14 周）、全国锦标赛（3 周）、冬训（30 周）、春季锦标赛（1 周）、全运会赛预赛（3 周）、全运会赛前训练（11 周）。

（一）赛艇两极化训练模式的全年组成结构

在训练时间的统计上，本研究剔除了陆上简单的慢跑、拉伸等热身和放松时间，以正式训练时间为统计范围。在全年 44 周的训练中，水上和陆上训练总时间为 41 110.0 min，平均每周 934.3 min，每周训练 6 天，平均每天训练 155.7 min。其中Ⅰ级负荷占总训练时间的 80.2%，Ⅱ级负荷占 5.1%，Ⅲ级负荷占 14.7%，如图 4-4 所示。从整体负荷结构来看，年度训练模式符合“两极化”训练模式。

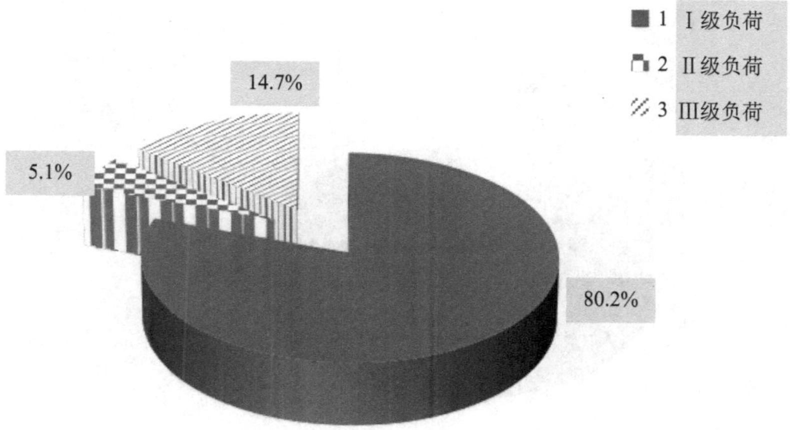

图 4-4 全年各级负荷比例

（二）赛艇两极化训练模式不同训练阶段的组成结构

1. 夏训阶段的组成结构

在 14 周的夏训中，水上和陆上训练总时间为 12 633.6 min，平均每周 902.4 min，每周训练 6 天，平均每天训练 150.4 min。其中Ⅰ级负荷占总训练时间的 75.5%，Ⅱ级负荷占 7.8%，Ⅲ级负荷占 16.7%，如图 4-5 所示。夏训负荷结构符合“两极化”训练模式。

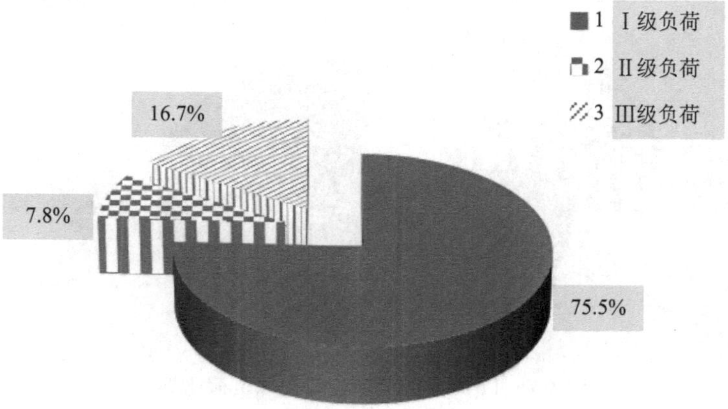

图 4-5 14 周夏训各级训练负荷比例

2. 冬训阶段的组成结构

在30周的冬训中，水上和陆上训练总时间为28 476.4 min，平均每周949.2 min，每周训练6天，平均每天训练158.2 min。其中Ⅰ级负荷占总训练时间的82.3%，Ⅱ级负荷占3.9%，Ⅲ级负荷占13.8%，如图4-6所示。冬训负荷结构符合“两极化”训练模式。

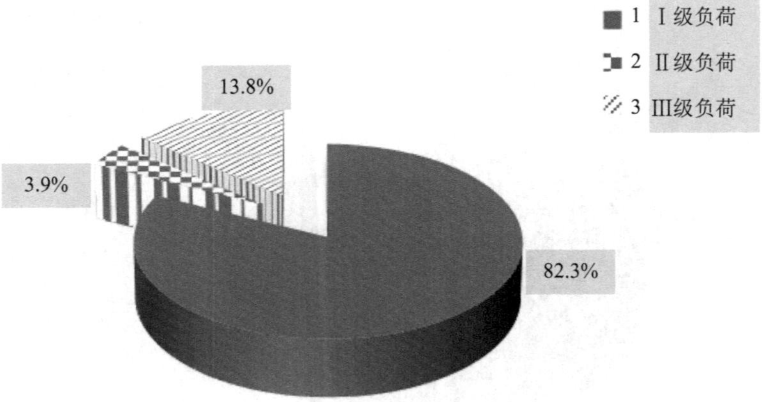

图4-6　30周冬训各级训练负荷比例

3. 赛前阶段的组成结构

在11周的赛前训练中，水上和陆上训练总时间为10 282.8 min，平均每周934.8 min，每周训练6天，平均每天训练155.8 min。其中Ⅰ级负荷占总训练时间的72.6%，Ⅱ级负荷占9.63%，Ⅲ级负荷占17.8%，如图4-7所示。赛前负荷结构符合“两极化”训练模式。

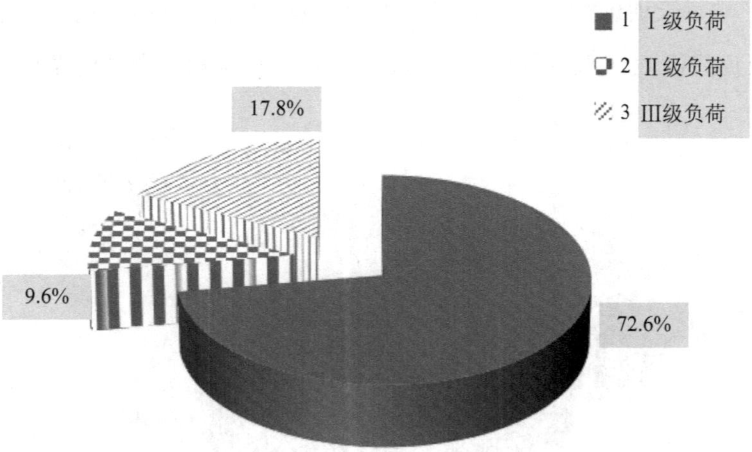

图4-7　11周赛前训练各级训练负荷比例

三、赛艇两极化训练模式节奏特点

（一）赛艇两极化训练模式全年负荷变化的特点

由表 4-8 可知，全年平均每天训练时间为 155.7 min，其中夏训和冬训分别为 150.4 min 和 158.2 min，从实践的角度考虑二者的差别无实际意义，即整体上全年训练时间比较平均。

从训练负荷的分配来看，全年及夏训和冬训的负荷分配比例均在两极化训练模式范围之内，即整体上全年负荷分配保持比较稳定的状态。

表 4-8　全年平均训练时间

	全年	夏训	冬训
周数/周	44	14	30
训练总时间/min	41 110.0	12 633.6	28 476.4
每周平均训练时间/min	934.3	902.4	949.2
每周训练天数/天	6	6	6
每天平均训练时间/min	155.7	150.4	158.2

（二）赛艇两极化训练模式不同训练阶段负荷变化的特点

1. 夏训阶段负荷变化的特点

在 14 周夏训中，训练时间呈逐步下降趋势，从第 1 周的 1 075 min 逐步下降到第 12～14 周的 600 min 左右，即训练量下降趋势比较明显。如图 4-8 所示。

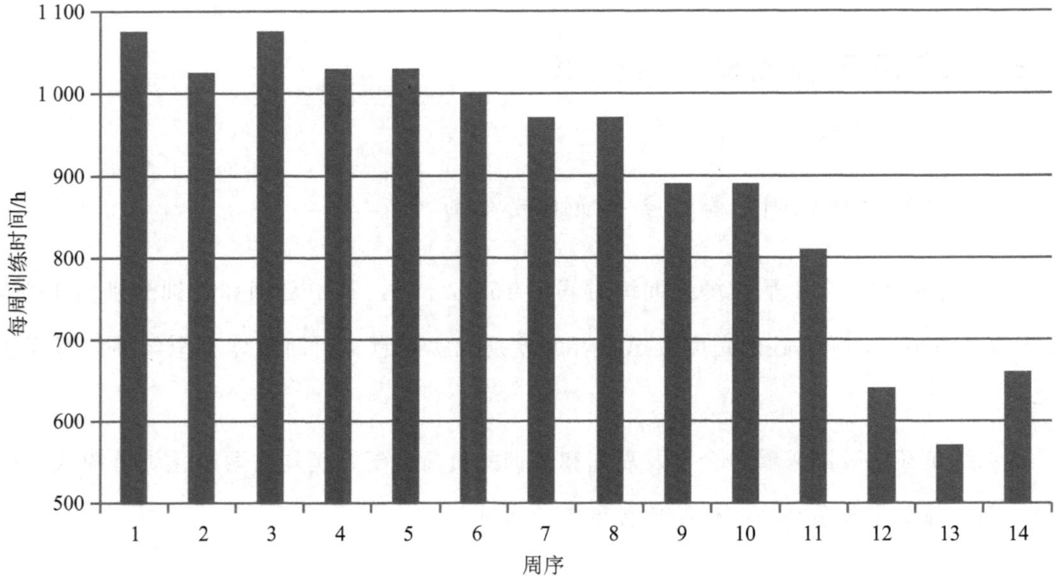

图 4-8 14 周夏训各周训练时间

在训练强度上，前 8 周 Ⅰ 级负荷较多且维持在每周 700～800 min，第 9 周开始逐步下降。Ⅱ 级负荷在前 10 周维持在每周 100 min 左右，赛前 4 周基本没有 Ⅱ 负荷训练。Ⅲ 级负荷在前 5 周维持在 180 min 左右，在第 5 周稳定负荷训练后稍微减量 3 周后基本又恢复到初期的训练量。如图 4-9 所示。

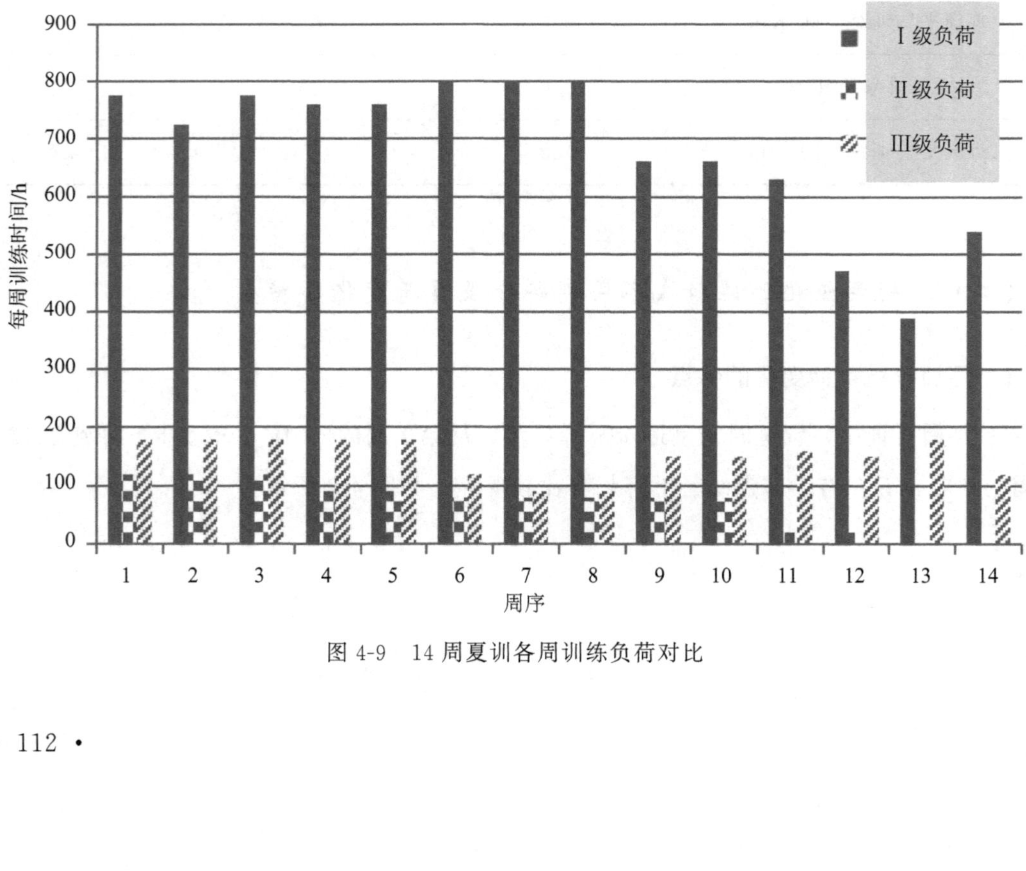

图 4-9 14 周夏训各周训练负荷对比

2. 冬训阶段负荷变化的特点

在30周冬训中，训练时间的变化与夏训不同。在经过前5周（每周800 min左右）的调整后，进入一个为期9周的大运动量期，其中以3周为一个小周期，即大运动量（每周1 200多分钟）2周后调整1周（每周约1 000 min），重复3次。随后的16周除春季锦标赛前后2周训练量较小（每周约600 min），其余14周每周训练量基本维持在800～1 000 min。整体即在中前期一个大运动量期后保持平稳训练量状态。如图4-10所示。

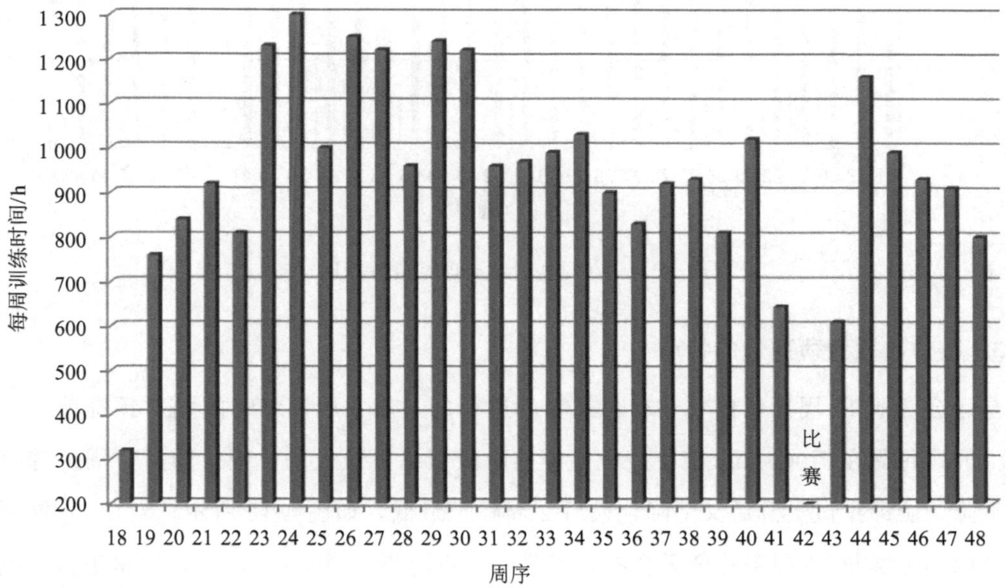

图4-10 30周冬训各周训练时间

在训练强度上，Ⅰ级负荷的变化趋势与训练量的变化趋势基本吻合，大运动量期每周约1 100 min左右，其余每周基本在600～800 min之间。Ⅱ级负荷在冬训初期没有安排，在第9周（即第26周）才开始少量安排，每周40 min，在第34和36周达到每周120 min，随后在春季锦标赛之前基本没有安排，春季锦标赛后突出进行了4周的Ⅱ负荷训练，每周在100 min以上。Ⅲ级负荷在整个冬训期间基本保持比较稳定的水平，大多数周都超过100 min以上，基本在14周中维持在100 min左右，Ⅲ级负荷上，加量稍早于Ⅰ级负荷，且提前减量并保持稳定水平，春季锦标赛前第4周上到最大量200 min后逐步在赛前1周达到半量，春季锦标赛后又维持在每周100多分钟。如图4-11所示。

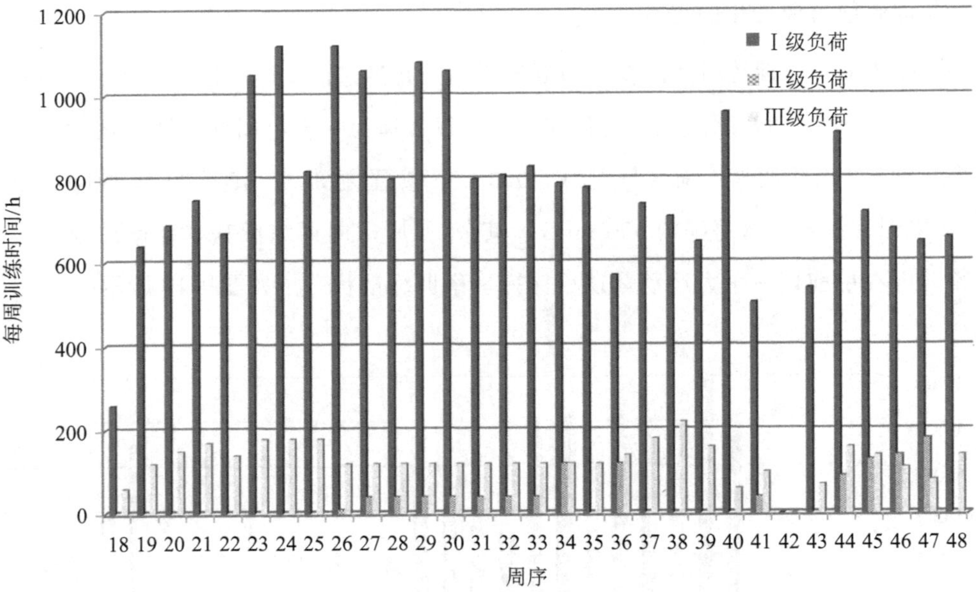

图 4-11　30 周冬训各周训练负荷对比

3. 赛前阶段负荷变化的特点

全运会赛前 11 周是紧接着全运会预赛后进行的，前 3 周训练时间相对预赛前 4 周有明显上升，每周在 1 000 min 以上，也是赛前阶段训练量最大的 3 周。随后 3 周训练时间明显下降，旋即稍微上升后又下降，最后 2 周降至最低，如图 4-12 所示。对比 14 周夏训备战全国锦标赛与 11 周备战全运会的训练时间变化趋势（图 4-13），二者均属于赛前减量训练节奏。

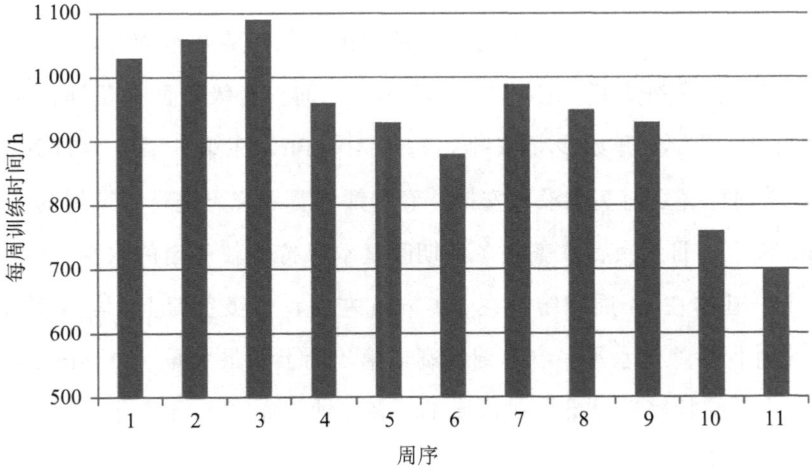

图 4-12　全运会赛前 11 周各周训练时间总数

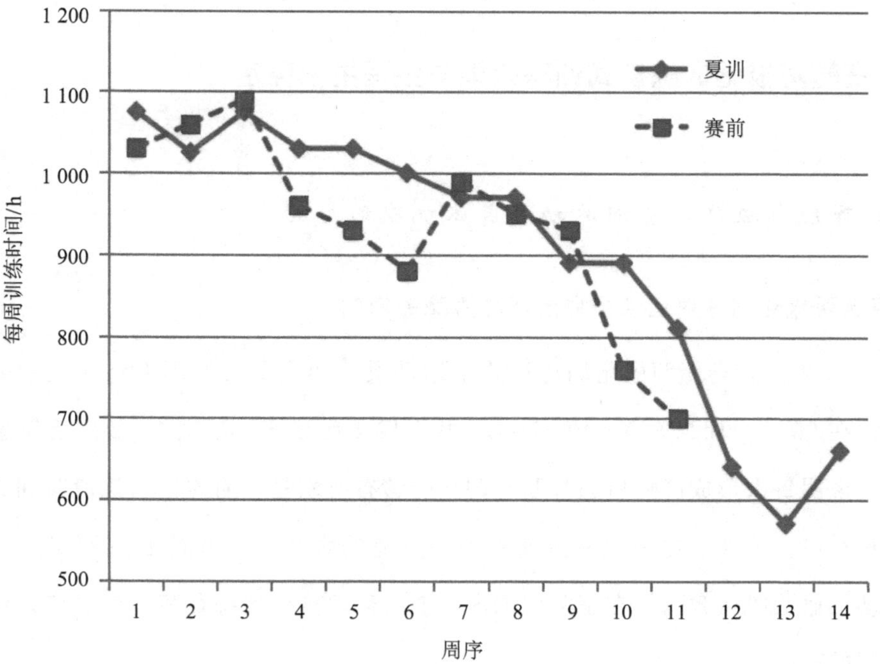

图 4-13 13 周夏训与 11 周赛前每周训练时间变化趋势对比

在训练强度上，Ⅰ级负荷时间在整体呈现平缓下降趋势，每周训练时间从 850 min 逐步下降 540 min 左右。Ⅱ级负荷基本控制在每周 120 min 以内，变化不大。Ⅲ级负荷在第 7～9 周有显著上升，每周接近 300 min，而其他周维持在 100 min 左右。即整体表现为赛前Ⅰ级负荷缓慢下降，2 级负荷变化不大，Ⅲ级负荷短时间集中突击。如图 4-14 所示。

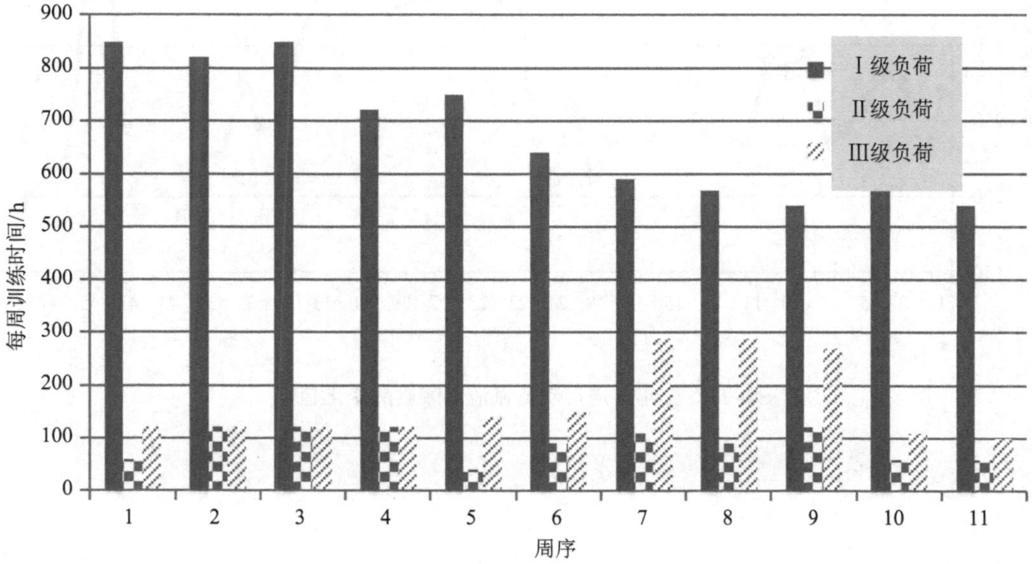

图 4-14 11 周赛前训练各周训练负荷对比

四、赛艇两极化训练模式训练效果与生理生化评定

（一）赛艇两极化训练对运动员身体机能的影响

1. 赛艇两极化训练对运动员血清肌酸激酶的影响

由图 4-15 可见，赛艇两极化训练模式下运动员全年大部分时间血清肌酸激酶均在正常范围内，在 23～33 周为 300～400 U/L，共形成 4 次波峰，每次 1～2 周后迅速下降并再次上升，说明每次形成高峰后通过及时调整能够有所恢复，而这正与该段时间大负荷训练及调整相对应，体现了血清肌酸激酶对训练负荷的敏感性。由图 4-16 可见，全运会赛前 6 周运动员血清肌酸激酶均在正常范围内，说明运动员对训练负荷比较适应，避免肌肉损伤等问题的产生。

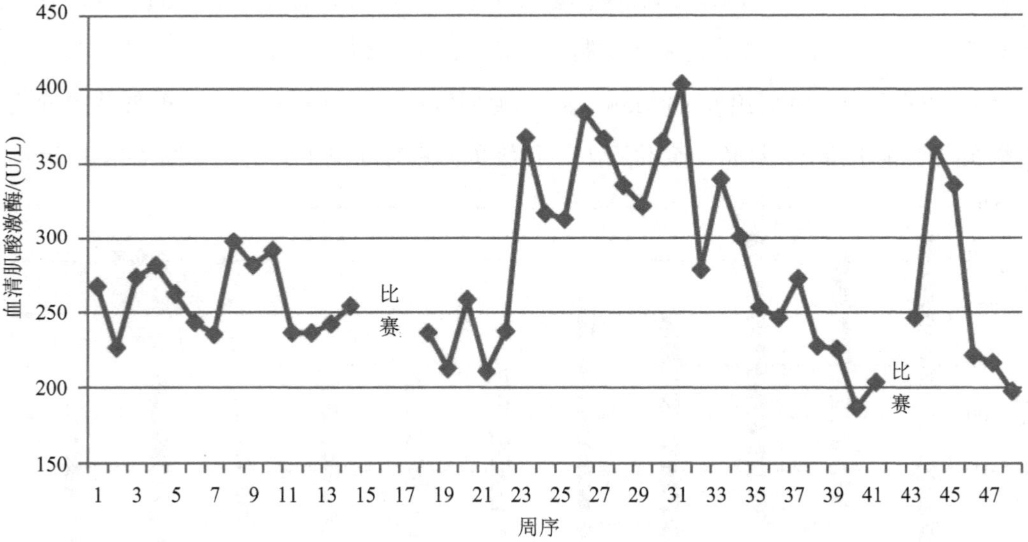

图 4-15　全年各周运动员血清肌酸激酶变化趋势

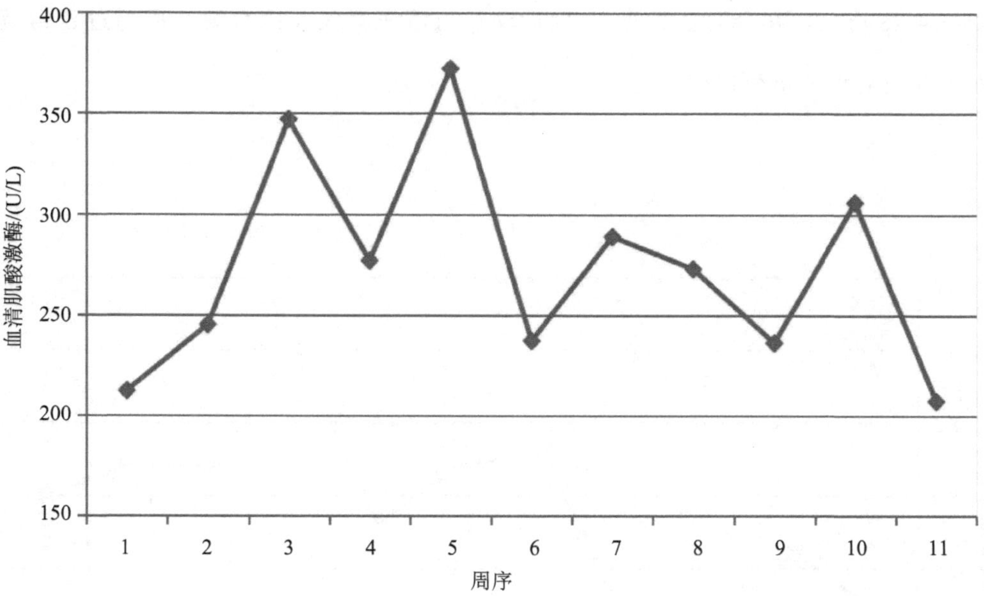

图 4-16　全运会赛前 11 周运动员血清肌酸激酶变化趋势

2. 赛艇两极化训练对运动员血尿素的影响

由图 4-17 可见，运动员血尿素在全年两极化训练模式下基本保持正常水平，仅有 4 周超过 8.3 mmol/L，并能迅速下降恢复到正常，说明运动员对整个训练负荷比较适应。

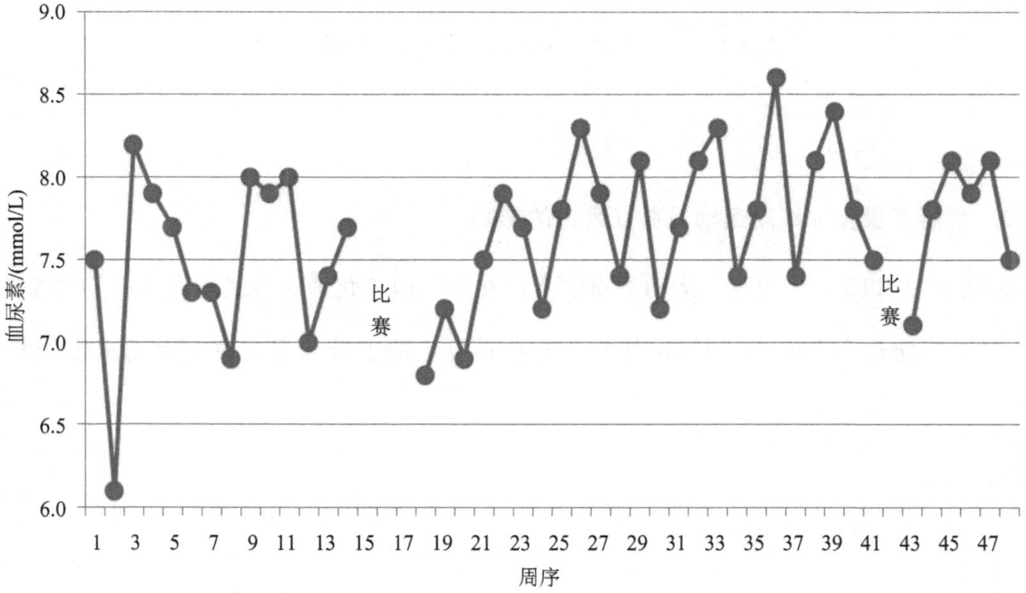

图 4-17　全年各周运动员血尿素变化趋势

由图 4-18 可见，在全运会赛前 11 周运动员血清尿素仅在倒数第 4 周超过正常范围，也说明运动员对训练负荷比较适应。

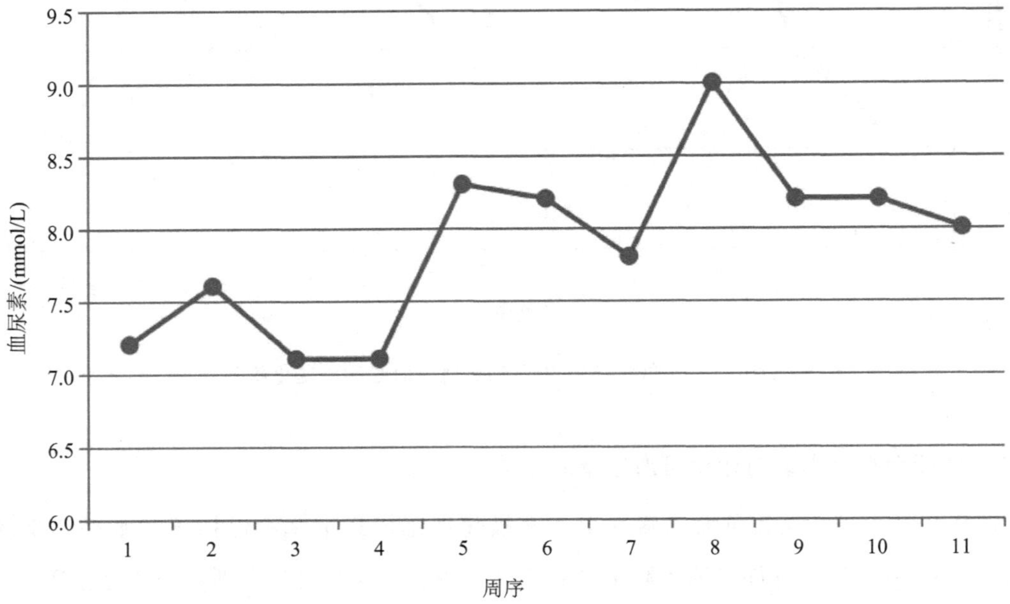

图 4-18　全运会赛前 11 周运动员血尿素变化趋势

3. 赛艇两极化训练对运动员血红蛋白的影响

由图 4-19 和图 4-20 可见，运动员血红蛋白在全年两极化训练模式下基本保持在 147～158 g/L，在全运会赛前 11 周均保持在 150 g/L 以上的上升状态，说明运动员机能状态较好。

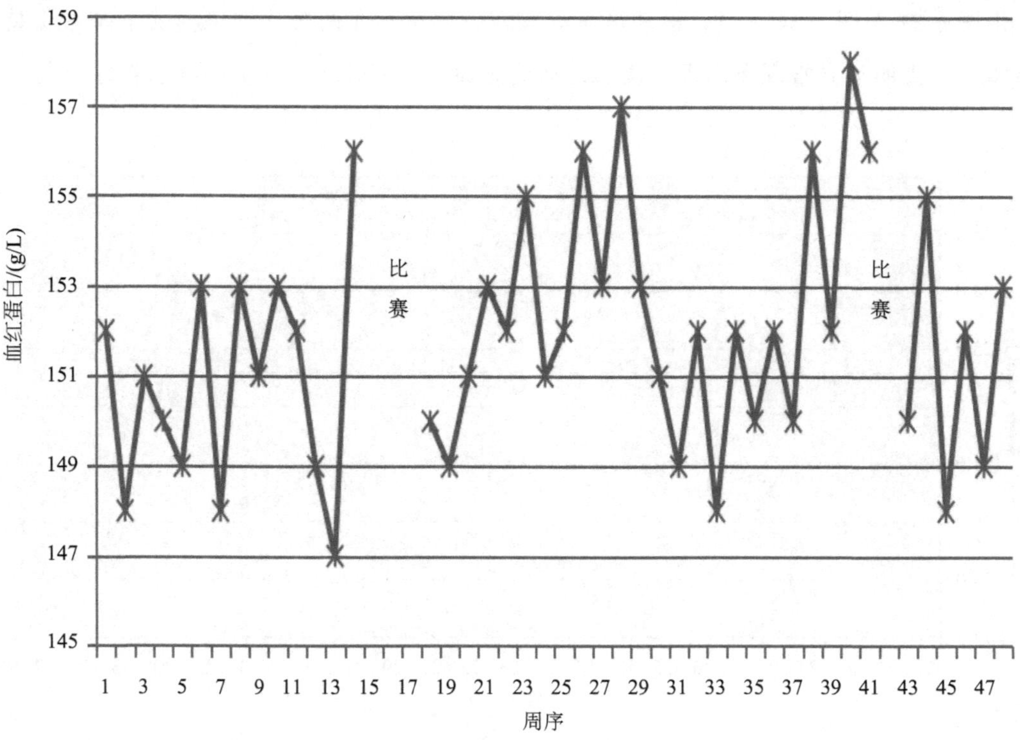

图 4-19　全年各周运动员血红蛋白变化趋势

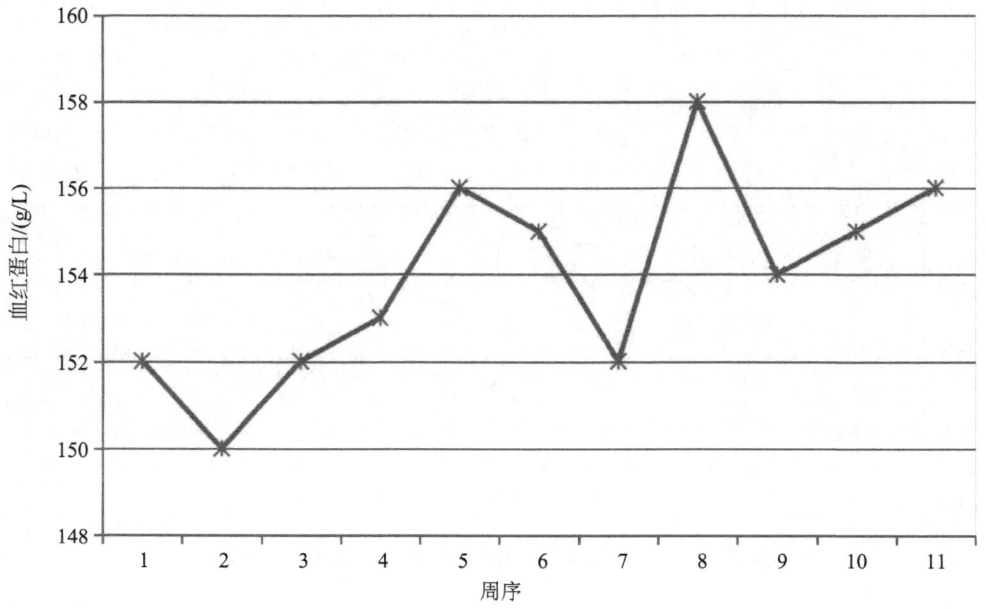

图 4-20　全运会赛前 11 周运动员血红蛋白变化趋势

4. 赛艇两极化训练对运动员血清睾酮、皮质醇的影响

由图 4-21 至图 4-24 可见，运动员血清睾酮、皮质醇在两极化训练模式下基本保持在正常水平，无明显异常现象出现，说明运动员对训练负荷较适应，机能状态较好。

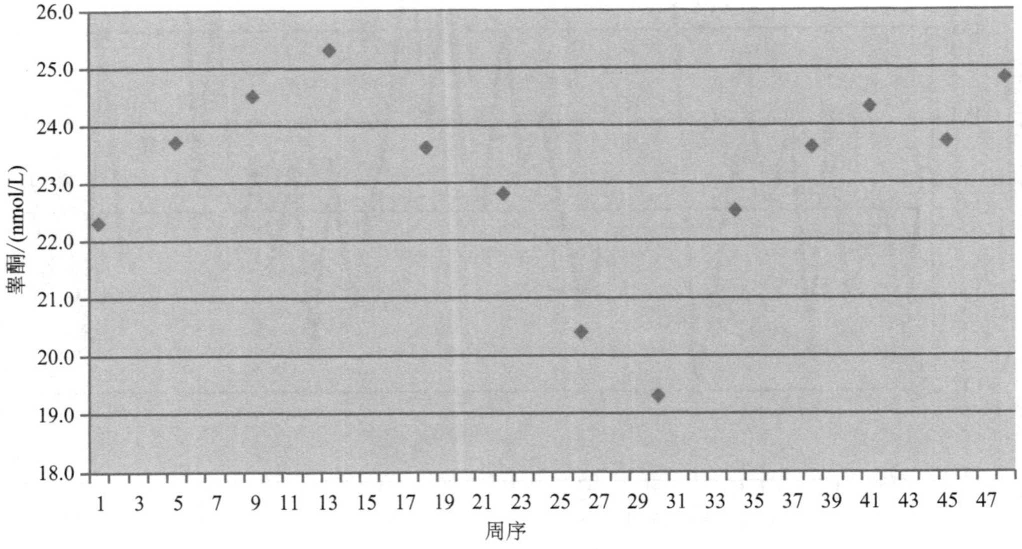

图 4-21　全年各周运动员血清睾酮变化趋势

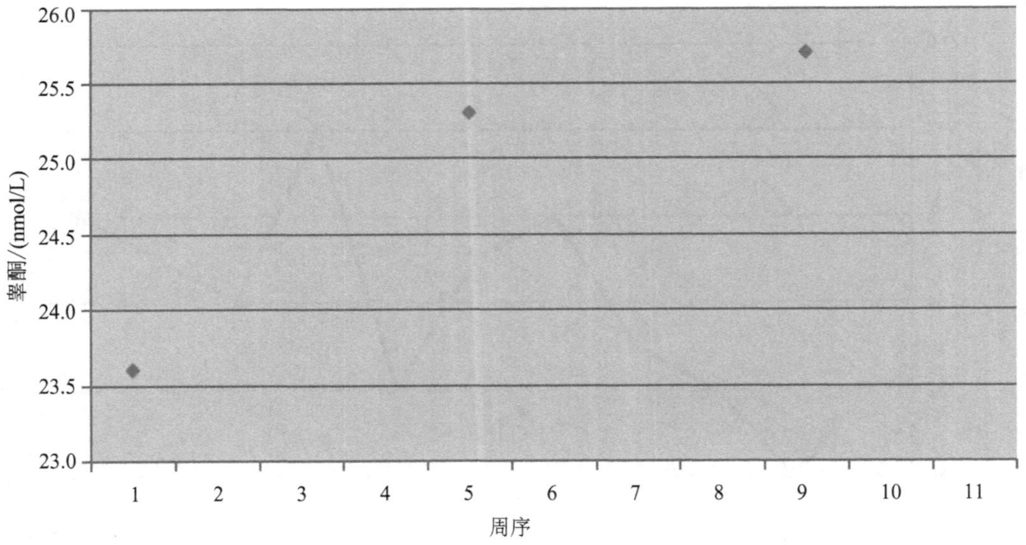

图 4-22　全运会赛前 11 周运动员血清睾酮变化趋势

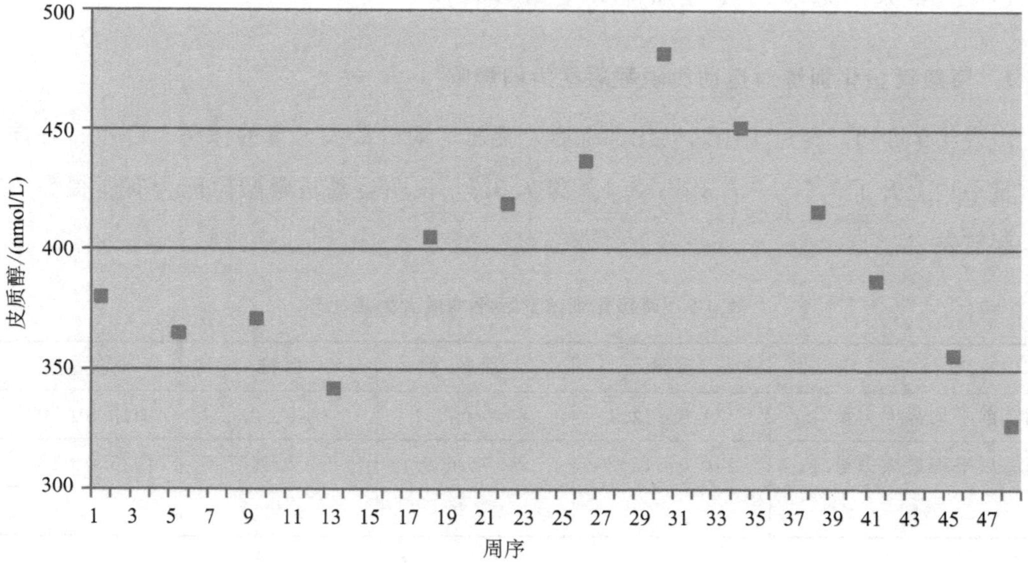

图 4-23 全年各周运动员血清皮质醇变化趋势

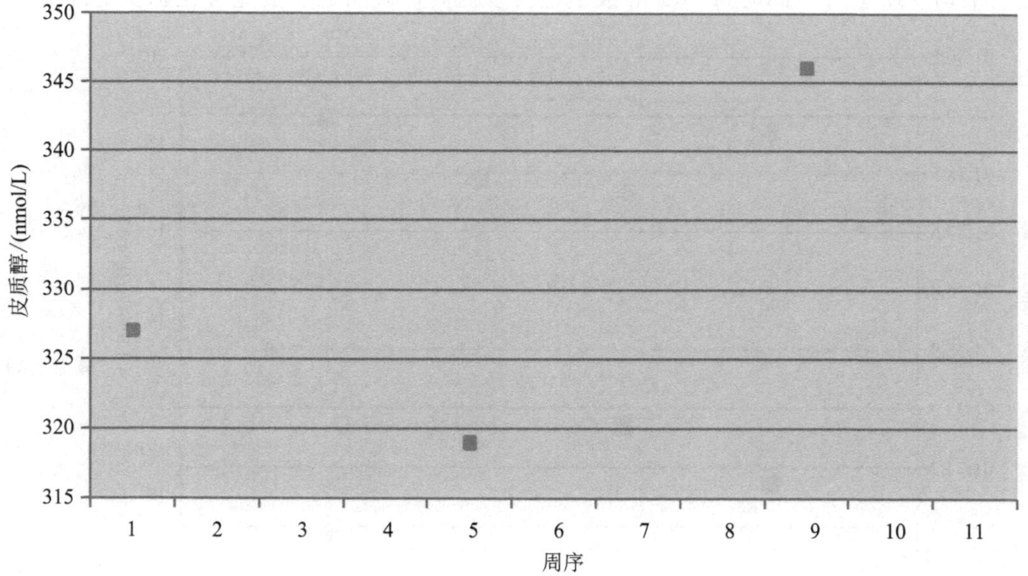

图 4-24 全运会赛前 11 周运动员血清皮质醇变化趋势

（二）赛艇两极化训练对运动员专项运动能力的影响

1. 赛艇两极化训练对运动员磷酸原能力的影响

由表 4-9 可知，经过 1 年两极化训练后，赛艇运动员最大力量的深蹲、卧拉、卧推及总重量平均上升了 7.2%、7.3%、8.4%和 7.6%，说明运动员磷酸原能力有所提高，有助于起航发力。

表 4-9　两极化训练前后平均最大力量比较

	深蹲	卧拉	卧推	总重量
训练前平均最大力量/kg	134.3±12.4	89.0±7.7	89.0±6.6	312.3±20.8
训练后平均最大力量/kg	144.0±12.2	95.5±6.9	96.5±4.7	336.0±18.8
增幅	7.2%	7.3%	8.4%	7.6%

2. 赛艇两极化训练对运动员乳酸能力的影响

从图 4-25 可见，经过 1 年两极化训练后，赛艇运动员在耐酸训练和冲酸训练中，血乳酸水平均有所上升，同时每 500 m 成绩也得以提高，说明运动员能够在忍受更高的血乳

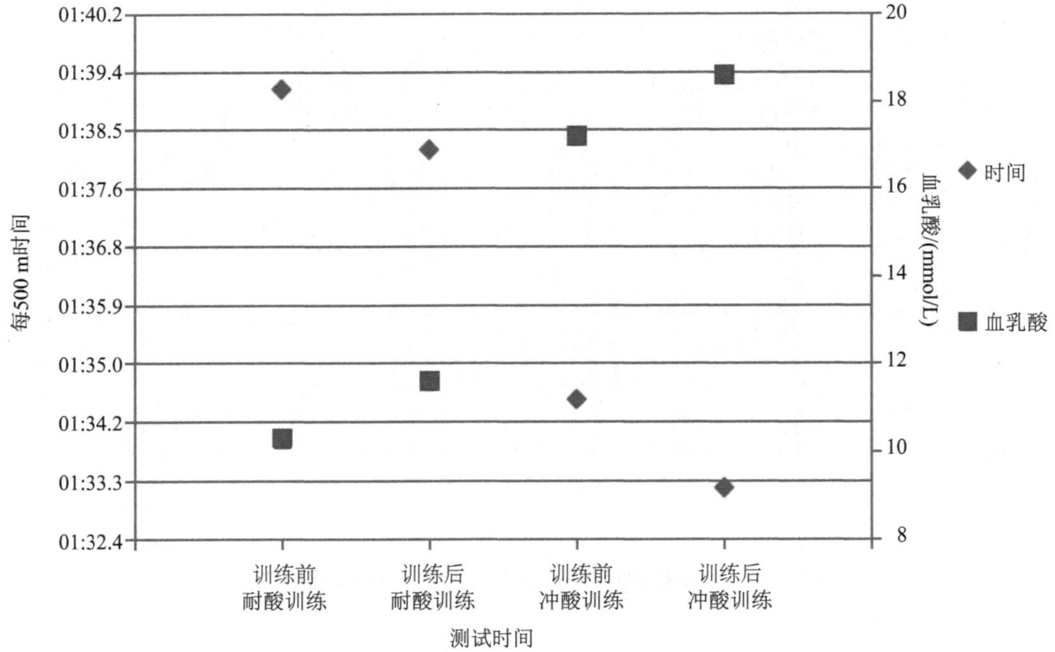

图 4-25　两极化训练前后乳酸能力的比较

酸水平下产生更高的运动效率，或者能通过更多的乳酸代谢提供更多的能量，以促进运动成绩的提高，使运动员在乳酸的耐受能力和供能能力方面均得以提高，提升运动员整体的运动能力。

3. 赛艇两极化训练对运动员有氧能力的影响

测功仪 6 000 m 测试是反映赛艇运动员专项有氧能力的较好方法。由图 4-26 可见，经过 1 年两极化训练后，赛艇运动员测功仪 6 000 m 总时间及平均 500 m 时间均有不同程度下降，说明成绩提高，运动员有氧能力得到一定改善。由图 4-27 可见，经过 1 年两极化训练后，运动员测功仪 6 000 m 平均功率有所提高，而相应的桨频却有所下降，说明运动员每桨功率得以提高，运动员的有氧功率增加。

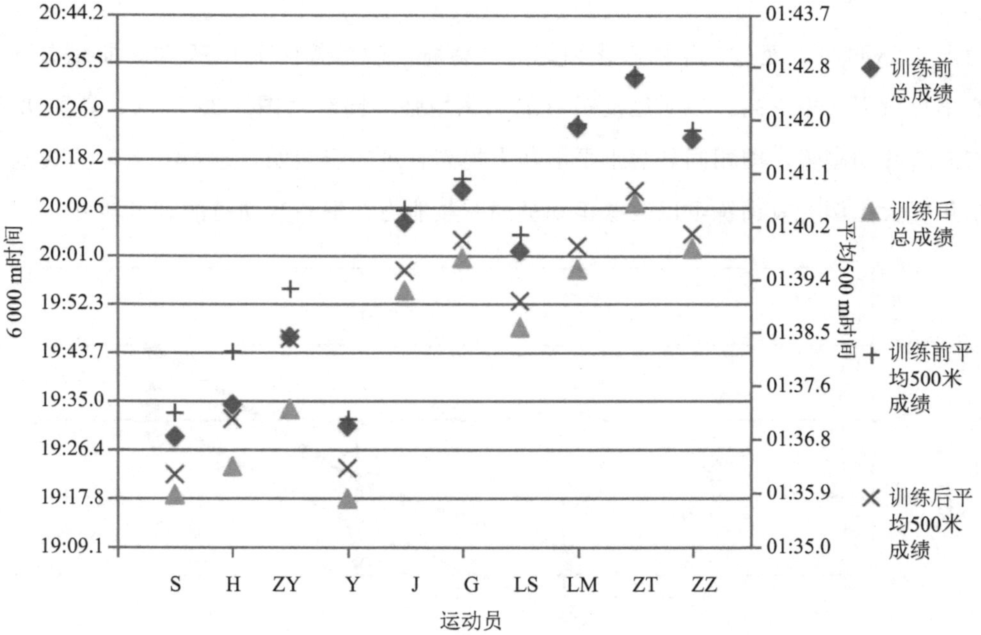

图 4-26　两极化训练前后测功仪 6 000 m 总时间及平均 500 m 时间比较

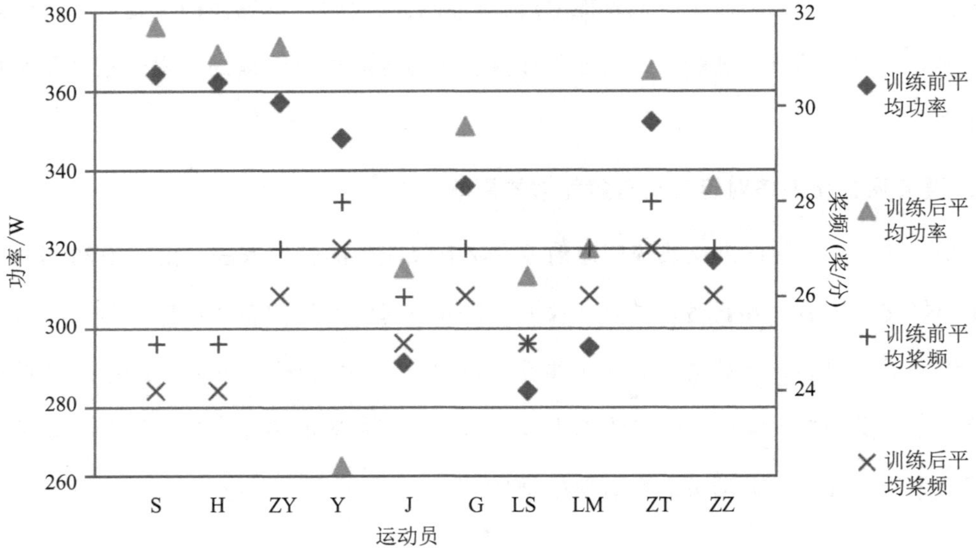

图 4-27　两极化训练前后测功仪 6 000 m 平均功率及桨频比较

由图 4-28 可见，经过 1 年两极化训练后，赛艇运动员整体上心率-功率曲线右移，即相同心率负荷下功率提高，说明运动员有氧功率增强；同时由图 4-29 可见，乳酸-功率曲线也有向右移动趋势，即相同乳酸水平下功率提高，进一步表明运动员有氧能力提高。这说明本年度大比例有氧训练可以改善运动员的有氧能力，提高运动员的有氧功率。

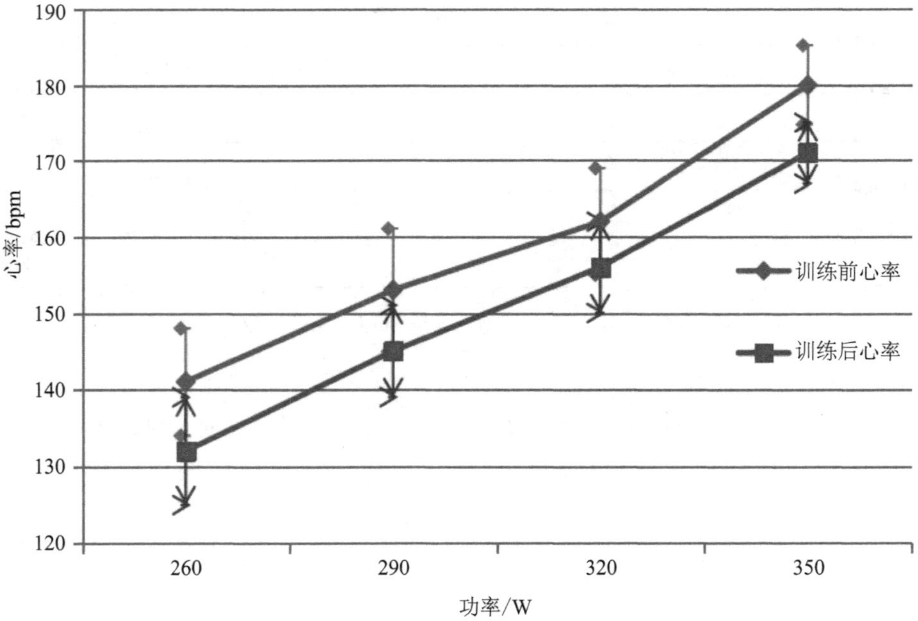

图 4-28　两极化训练前后测功仪四级负荷平均心率变化

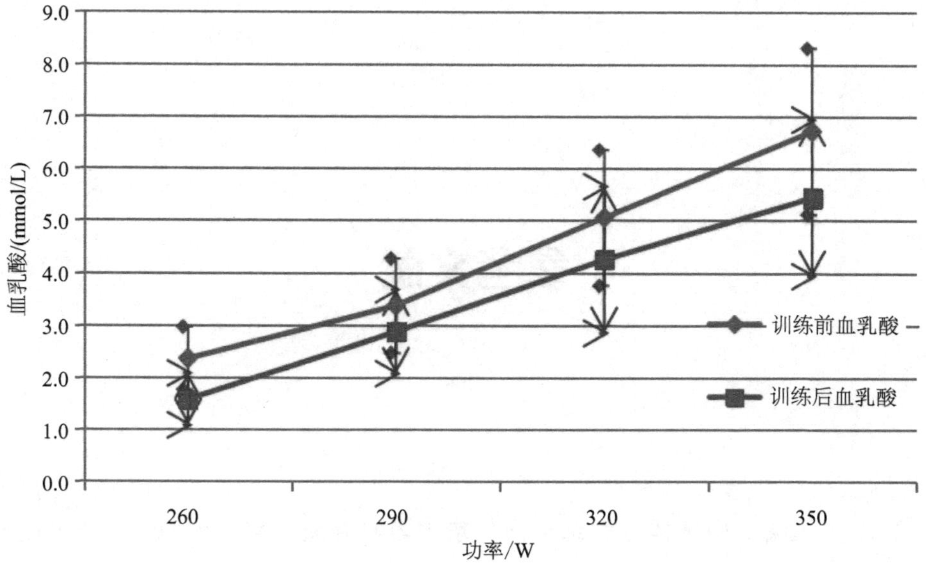

图 4-29 两极化训练前后测功仪四级负荷平均血乳酸变化

参考文献

［1］张清，叶国雄．中国体育教练员岗位培训教材赛艇［M］．北京：人民体育出版社，1999.

［2］冯连世，冯美云，冯炜权．优秀运动员身体机能评定方法［M］．北京：人民体育出版社，2003.

［3］王清．我国优秀运动员竞技能力状态诊断和监测系统的研究与建立［M］．北京：人民体育出版社，2004.

［4］冯连世，冯美云，冯炜权．运动训练的生理生化监控方法［M］．北京：人民体育出版社，2006.

［5］谢敏豪，林文弢，冯炜权．运动生物化学［M］．北京：人民体育出版社，2008.

［6］国家体育总局教练员学院，全国体育运动学校联合会组编．青少年儿童科学训练通识培训教程［M］．北京：北京体育大学出版社，2018.

［7］翁锡全．运动生物化学［M］．北京：高等教育出版社，2019.

［8］丁铁建．男子公开级赛艇运动员机能变化规律的初步研究［D］．北京：北京体育大学硕士研究生学位论文，2004.

［9］郜卫峰．赛艇运动员乳酸阈强度训练的研究［D］．武汉：武汉体育学院硕士研究生学位论文，2006.

［10］张兴伟．优秀女子轻量级赛艇运动员的机能变化和训练监控［D］．北京：北京体育大学硕士研究生学位论文，2006.

［11］迟焕祺．我国优秀男子赛艇运动员专项力量训练效果与生化特点的分析［D］．武汉：武汉体育学院硕士研究生学位论文，2007.

［12］韩炜．我国优秀男子赛艇公开级运动员体能训练研究［D］．上海：上海体育学院博士研究生学位论文，2011.

［13］茅洁．我国赛艇项目特点及制胜规律的研究［D］．北京：北京体育大学博士研究生学位论文，2011.

［14］王玉新．上海男子赛艇运动员备战全运会赛前训练负荷结构特点与机能状态关系的研究［D］．西安：西安体育学院硕士研究生学位论文，2014.

［15］刘元景．江苏省赛艇公开级优秀运动员全年训练负荷研究［D］．宁波：宁波大学硕士研究生学位论文，2014.

［16］刘娅．湖北省优秀男子赛艇运动员机能变化及训练监控［D］．武汉：湖北大学硕士研究生学位论文，2014.

［17］吴优．江西省女子赛艇训练周期安排的研究［D］．南昌：江西师范大学硕士研究生学位论文，2014.

［18］李翔宇．河南省优秀赛艇运动员赛前训练负荷的特点与分析［D］．开封：河南大学硕士研究生学位论文，2016.

［19］潘丹丹．优秀女子赛艇运动员里约奥运决赛年度训练负荷结构特征与身体机能状态关系的研究［D］．上海：上海体育学院硕士研究生学位论文，2018.

［20］杨鸣．中国赛艇队女子四人双桨项目北京奥运周期训练特征研究［D］．北京：北京体育大学博士研究生学位论文，2018.

［21］L J Vermulst, C Verboorn, A M Boelens-Quist. Analysis of seasonal training volume and working capacity in elite female rowers［J］. Int J Sports Med, 1991, 12 (6): 567-572.

［22］Steinacker. Training of rowers before world championship［J］. Med Sci Sport Exerc, 1998, 30 (7): 1158-1163.

［23］封飞虎，刘新黎．不同水平赛艇运动员2000米模拟划心功能及乳酸变化特点［J］．湖北体育科技，1999，18 (3): 36-39.

［24］宫恩强，刘晨光，刘松涛，等，心率控制法在赛艇训练中的应用［J］．山东体育科技，1999，21 (1): 14-16.

［25］周学军．赛艇运动的项目特性及训练指导思想［J］．湖北体育科技，2000，20 (3): 35-36.

［26］杜忠林，王武韶，顾军．优秀赛艇运动员无氧阈增长幅度的分析［J］．中国运动医学杂志，2000，19 (1): 92-95.

[27] 陈伟，刘群，雷文斌，等. 赛艇训练对血清尿素的影响 [J]. 浙江体育科学，2000, 22 (6): 33-36.

[28] 刘锡梅，刘建红. 心率、血乳酸在赛艇科学化训练中的应用探讨 [J]. 武汉体育学院学报，2001, 35 (3): 45-46.

[29] 丁轶建，曾凡星. 优秀女子赛艇运动员“冲酸”训练的血乳酸分析 [J]. 中国运动医学杂志，2004, 23 (4): 417-419.

[30] 杜忠林. 国家赛艇队运动员血清肌酸激酶分析 [J]. 中国运动医学杂志，2004, 23 (1): 76-79.

[31] 王新欣，姜海洋. 女子赛艇运动员两周冬训前后血乳酸和心率的变化研究 [J]. 辽宁体育科技，2005, 27 (3): 41-43.

[32] 吴昊，黄晓平，路花丽. 优秀赛艇运动员有氧能力的再认识与实践 [J]. 西安体育学院学报，2005, 22 (4): 70-73.

[33] 陈小平. 我国耐力训练存在的主要问题-对训练强度失衡的反思 [J]. 武汉体育学院学报，2008, 42 (4): 9-15.

[34] 郭树涛，陈栎圯，王卫星. 耐力性项目训练负荷强度安排特征的研究 [J]. 天津体育学院学报，2010, 25 (4): 290-293.

[35] 何东江，雷振兴，周月良. 浙江男子赛艇运动员 8 周高原训练身体机能变化特点的研究 [J]. 浙江体育科学，2010, 32 (4): 123-125.

[36] 黎涌明. 不同运动方式的能量代谢-共性与区别 [J]. 体育科学，2013, 33 (12): 81-86.

[37] 陈小平，褚云芳，纪晓楠. 竞技体能训练理论与实践热点及启示 [J]. 体育科学 2014, 34 (2): 3-10.

[38] 李铎，郑伟涛，曾军. 当今世界赛艇项目战术运用特征研究 [J]. 湖北体育科技，2014, 33 (12): 1085-1088.

[39] 黎涌明，毛承. 竞技体育项目的专项供能比例-亟待纠正的错误 [J]. 体育科学，2014, 34 (10): 93-97.

[40] 朱欢，高炳宏. 高原训练期间赛艇运动员微循环血流速度的变化与 HB、BU、CK 关系的研究 [J]. 河南师范大学学报，2016, 44 (2): 176-182.

[41] 李佳莉，王璐. 辽宁赛艇队女子公开级运动员赛前训练机能监控的研究 [J]. 辽宁体育科技，2017, 39 (4): 61-64.

［42］资薇，陈小平. 基于伦敦奥运会的当前赛艇世界格局及发展动向［J］. 中国体育科技，2019，49（3）：84-88.

［43］奚春群. 乳酸阈训练对女子赛艇运动员有氧能力的影响［J］. 中国体育教员，2019，27（1）：77-80.

［44］易清，熊剑亮，黎涌明. 2010-2019年赛艇世界顶尖比赛配速策略［J］. 体育科研，2021，42（1）：86-93.